本书第1版为"十四五"职业教育国家规划教材
产教融合·职业创新能力数字化运营系列教材

跨境电商产品开发
（第2版）

主　编　孟迪云
副主编　李建平　左汲笈

电子工业出版社
Publishing House of Electronics Industry
北京·BEIJING

内容简介

本书是以新商科人才培养理念为指导，围绕"课、岗、训"融合思路建设的理实一体化教材，主要内容包括走进产品开发、第三方选品工具、数据化选品方法、国外创新选品方法、Amazon 选品、速卖通选品、Wish 选品、差异化选品分析、全面分析产品和获取产品渠道 10 个任务。从产品开发的原则、方法及价值逻辑出发，着重讲述 Amazon、速卖通、Wish 等平台的站内选品方法，培养学生利用跨境电商数据分析工具对市场用户、竞争对手、成本等进行科学分析的能力，以及对产品进行成功转化的能力。

本书根据技术技能人才成长规律和学生认知特点，依据理实一体化的教学理念，整合、细化、重构教学内容；以真实案例、典型工作任务为载体，分模块组织教学内容，并提供丰富的数字化教学资源。

本书既可作为职业院校跨境电子商务、电子商务、移动商务、网络营销与直播电商等商科专业的学生用书，也可作为企业运营、选品专员、数据分析专员、采购等相关岗位人员及其他社会学习者的自学参考用书。

未经许可，不得以任何方式复制或抄袭本书之部分或全部内容。
版权所有，侵权必究。

图书在版编目（CIP）数据

跨境电商产品开发 / 孟迪云主编．—2 版．—北京：电子工业出版社，2024.4
ISBN 978-7-121-47673-0

Ⅰ．①跨…　Ⅱ．①孟…　Ⅲ．①电子商务－企业管理－产品开发－教材　Ⅳ．① F713.365

中国国家版本馆 CIP 数据核字（2024）第 074741 号

责任编辑：朱干支
印　　刷：三河市华成印务有限公司
装　　订：三河市华成印务有限公司
出版发行：电子工业出版社
　　　　　北京市海淀区万寿路 173 信箱　邮编　100036
开　　本：787×1 092　1/16　印张：11.25　字数：288 千字
版　　次：2020 年 5 月第 1 版
　　　　　2024 年 4 月第 2 版
印　　次：2024 年 9 月第 2 次印刷
定　　价：43.80 元

凡所购买电子工业出版社图书有缺损问题，请向购买书店调换。若书店售缺，请与本社发行部联系，联系及邮购电话：（010）88254888，88258888。
质量投诉请发邮件至 zlts@phei.com.cn，盗版侵权举报请发邮件至 dbqq@phei.com.cn。
本书咨询联系方式：（010）88254573，zgz@phei.com.cn。

前　言

跨境电商运营之难，难在选品。"七分选品，三分运营"，这是跨境电商从业人员经常说起的一句话。这几年，随着市场的变化和面对国内外消费者日益增长的个性化需求，跨境电商卖家的选品工作显得尤为重要。跨境电商的蓬勃发展对产品开发的准确性、及时性、可预测性等提出了更高的要求，这就要求产品开发从业人员只有具备良好的业务认知能力、工具运用能力、数据分析能力，才能胜任产品开发业务发展的工作要求。本书按照"加快发展数字经济，促进数字经济和实体经济深度融合，打造具有国际竞争力的数字产业集群"的要求，基于职业院校跨境电商运营人才培养现状，以新商科人才培养理念为指导，围绕"课、岗、训"融合的思路，设计了10个教学任务。

■ 教材特色

1. 将课程思政与职业素养贯穿于任务学习全过程

本书以习近平新时代中国特色社会主义思想为指导，落实立德树人根本任务，坚持把立德树人融入跨境电商产品开发人才培养的全过程，旨在通过学习知识与技能的同时，讲政治、讲思想，培养学生掌握相关岗位操作技能中必备的思政元素和职业素养。同时，强化跨境电商产品开发职业道德建设，践行社会主义核心价值观，注重推进文化自信，注重为学生讲好中国故事、传播好中国声音。在精心选取每个任务的相关案例时，也注重将先进的产业文化、企业文化、职业文化融入教材，贯穿于每一个任务当中。注重培养学生团队合作、诚信经营和不断创新的职业素质，努力促进跨境电商产品开发从业人员的全面发展，致力于培养具有现代跨境电子商务职业理念和良好职业操守的技能型人才。

2. 以企业的真实工作任务与技术技能应用场景驱动教材内容设计

选品是思维与逻辑的融合，最终要将结果落实到一件产品上。要将方法讲明白，就需要我们用到"理论＋实践"的课程呈现方式。本书依托省级精品在线开放课程，遵循产教融合、校企合作共同设计与开发的路径，依据"理实一体化"的教学理念，基于"项目＋产品"现代学徒制人才培养模式，从教材顶层设计到分步实施，将每个学习任务与归纳总结的企业实际典型工作过程相对接。本教材主要对接企业运营、选品、数据分析、采购等岗位真实工作任务，以选品的实际工作流程为主线，依托企业真实项目和工作任务进行教学内容设计。通过真实项目并辅以大量企业成功选品案例，让学生更加直观地理解选品的思维逻辑，激发学生的学习兴趣、探究兴趣和职业兴趣。

3. 课程结构以选品工作流程为主线，循序渐进、分步提升和强化学生的实践能力

课程为适应数字智能技术发展对跨境电商技术技能型人才的需求，对接选品、运营、采购、数据分析等岗位能力标准与规范，以选品工作流程为主线，依托企业真实项目和平台选品典型工作任务进行模块化课程构建与教学内容设计。课程遵循"感知、理解—习得、积累—内化、运用"职业技能培养及素养养成规律细化课程内容与教学要点，形成科学合理的10个教学任务。课程依托全平台选品，掌握一般选品工具和方法；依托Amazon、速卖通、Wish等分平台选品，训练平台选品单项技能；依托跨平台选品，提升差异化选品综合能力。通过对"全平台选品—分平台选品—跨平台选品"不同平台的灵活运用与真实工作场景的实践，循序渐

进、分步提升和强化学生的实践能力。

4. 依托省级精品在线开放课程，开发丰富多样的数字化教学资源

本书主要面向职业院校新商科类专业在校学生、企业人员及社会学习者，针对不同的学习对象构建多层次的数字化教学资源，使各类用户都能各取所需，实现量体裁衣。结合职业院校实训教学要求，每个任务中对应知识点都设计了实训案例，针对每个任务中的知识点提供在线随堂练习、单元测评，突出教材的实战特色。在教学资源应用上，同步配套了大量的产品开发数字资源，包括拓展阅读资料、课件、视频文档、动画、实操案例、交互式课件等教学辅助资料，提高学习者的学习兴趣，实现立体化多维度教学；使学习者在学习理论知识的同时，能够开展实战操作和演练，实现以教材为主线的"课、岗、训"一体化融合。

■ 编写团队

本书在对众多职业院校调研的基础上，由湖南科技职业学院联合湖南典阅教育科技有限公司的产品开发专家共同编写。每一个任务都经由教师和企业产品开发专家按照实际工作任务共同研讨、反复推敲，力求使教材真正符合产品开发的一线实际需求。

本书由湖南科技职业学院教师孟迪云担任主编，并对教材内容进行整体设计及拟定具体写作提纲，同时负责统稿工作。各任务撰写具体分工如下：湖南科技职业学院教师孟迪云负责任务 1 的撰写；湖南科技职业学院教师李建平负责任务 2 的撰写；湖南科技职业学院教师张嵘负责任务 3 的撰写；湖南典阅教育科技有限公司总经理左汲笈负责任务 4 的撰写；湖南科技职业学院教师刘丹娜负责任务 5 的撰写；湖南科技职业学院教师于非非负责任务 6 的撰写；湖南科技职业学院教师吴蓓蓓负责任务 7 的撰写；湖南科技职院教师阮若颖负责任务 8 的撰写；湖南科技职院教师熊英、张婷负责任务 9 的撰写；湖南高速铁路职业技术学院教师蒋晟负责任务 10 的撰写。

此外，湖南典阅教育科技有限公司的员工为本书的编写提供了大量的帮助。

■ 教学支持

本书依托"跨境电商产品开发"省级精品在线开放课程，开发了丰富多样的数字化教学资源。本书配套在线开放课程"跨境电商产品开发"，可登录智慧职教官网或下载"云课堂智慧职教"App 在线学习。线上教学资源说明详见附录。

■ 致谢

本书编写团队一直致力于湖南省教育厅立项的高等职业教育精品在线开放课程"跨境电商产品开发"项目建设。本书是省级精品在线开放课程的配套教材，主编孟迪云教授是该课程的负责人。在本书的编写过程中，我们得到了湖南典阅教育科技有限公司所服务的各大跨境电商公司及行业培训讲师的大力支持，在此表示衷心感谢！

因跨境电子商务正以前所未有的速度发展，"跨境电商产品开发"研究及教学尚属于快速发展时期，其所涉及的知识与技能具有较强的前瞻性和时效性，加之编者水平有限，书中如有疏漏与不足之处，恳请广大读者批评指正。

编者联系邮箱：287193718@qq.com。

编　者

目　　录

模块一　全平台选品　掌握一般选品工具和方法

任务 1　走进产品开发 2

子任务 1.1　认知产品开发 3
- 1.1.1　产品开发的定义 3
- 1.1.2　产品开发的重要性 3
- 1.1.3　产品开发的价值逻辑 4
- 1.1.4　产品的定位 11
- 1.1.5　产品开发的流程 12
- 1.1.6　计算单个产品的毛利 13

子任务 1.2　产品开发的原则和方法 13
- 1.2.1　利用关键词寻找市场 13
- 1.2.2　建立有趣且独特的品牌 14
- 1.2.3　找到并解决用户的痛点 14
- 1.2.4　找到用户的爱好 15
- 1.2.5　寻找机会和突破口 15

任务 2　第三方选品工具 21

- 子任务 2.1　选品工具之 Google Trends 22
- 子任务 2.2　选品工具之 Jungle Scout 25
- 子任务 2.3　选品工具之 AmazeOwl 26
- 子任务 2.4　选品工具之 Keepa 27
- 子任务 2.5　选品工具之 Unicorn Smasher 29
- 子任务 2.6　选品工具之米库 31
- 子任务 2.7　选品工具之卖家网 33
- 子任务 2.8　选品工具之海鹰数据 35
- 子任务 2.9　选品工具之卖家精灵 40
- 子任务 2.10　选品工具之紫鸟数据魔方 46
- 子任务 2.11　选品工具之超级店长 48

任务 3　数据化选品方法 54

- 子任务 3.1　选品方法之多平台比较法 55

        3.1.1　上架别人正在热卖的款式 55
        3.1.2　上架别人曾经热卖的款式 56
    子任务 3.2　选品方法之数据抓取法 58
        3.2.1　确认选品退出机制 58
        3.2.2　剔除排名稳定的热销款 59
        3.2.3　找到潜力款 60
        3.2.4　实时跟踪潜力款排名并最终确定上架款式 61
    子任务 3.3　选品方法之市场分析法 63
        3.3.1　市场评估 63
        3.3.2　竞品分析 66

任务 4　国外创新选品方法 72

    子任务 4.1　社区选品 73
        4.1.1　当地社区选品 73
        4.1.2　社区论坛选品 73
    子任务 4.2　网站选品 74
        4.2.1　社交分享网站选品 74
        4.2.2　B2B 批发市场网站选品 75
        4.2.3　在线购物网站选品 75
    子任务 4.3　其他渠道选品 76
        4.3.1　从用户评论、产品发展趋势中寻找产品 76
        4.3.2　从消费趋势网站中寻找产品 77

模块二　分平台选品　训练平台选品单项技能

任务 5　Amazon 选品 84

    子任务 5.1　Amazon 新品开发原则 85
        5.1.1　深入研究 Amazon 平台产品 85
        5.1.2　如何确认产品 86
        5.1.3　如何改进产品 87
    子任务 5.2　Amazon 新品开发方法 87
        5.2.1　Amazon 新品开发思路 87
        5.2.2　Amazon 新品市场调研 88
        5.2.3　Amazon 新品调研 88
    子任务 5.3　Amazon 站内数据选品 90
        5.3.1　亚马逊搜索（Amazon Search） 90
        5.3.2　亚马逊热销榜（Amazon Best Sellers） 91
        5.3.3　亚马逊新品排行榜（Amazon Hot New Releases） 91

        5.3.4　亚马逊销售飙升榜（Amazon Movers & Shakers） 92
        5.3.5　亚马逊愿望清单（Amazon Most Wished For） 92
        5.3.6　亚马逊礼物榜（Amazon Gift Ideas） 93

任务 6　速卖通选品 96

    子任务 6.1　数据纵横选品 97
        6.1.1　选品专家——热销 98
        6.1.2　选品专家——热搜 101
    子任务 6.2　速卖通直通车选品 103
        6.2.1　直通车推广在选品时考虑的因素 104
        6.2.2　直通车选品方法 104
        6.2.3　直通车关键词工具 105
    子任务 6.3　产品分析及类目挖掘选品 106
        6.3.1　产品分析 106
        6.3.2　类目纵向深挖 108
    子任务 6.4　站内关键词选品 110

任务 7　Wish 选品 116

    子任务 7.1　Wish 选品之道 117
        7.1.1　Wish 平台特点及核心竞争力 117
        7.1.2　根据喜好选品 117
        7.1.3　根据节日选品 118
        7.1.4　根据产业带选品 118
        7.1.5　根据自然环境因素选品 119
        7.1.6　根据消费水平选品 119
    子任务 7.2　Wish 站内数据选品 119
        7.2.1　Wish Top 主要市场分析 119
        7.2.2　Wish Top 类别销售分析 120
        7.2.3　Wish 平台用户年龄分析 121
        7.2.4　Wish 垂直类 App 122

模块三　跨平台选品　提升差异化选品综合能力

任务 8　差异化选品分析 126

    子任务 8.1　运用 Merchant Words 进行季节选品 127
    子任务 8.2　运用 Unicorn Smasher 进行节日选品 129

任务 9　全面分析产品 138

    子任务 9.1　分析产品细分市场 139

  9.1.1 潜在的市场规模 ········· 139
  9.1.2 市场竞争环境 ········· 139
  9.1.3 判断市场类型 ········· 140
  9.1.4 判断产品在当地市场的份额 ········· 142
 子任务 9.2 分析产品市场需求 ········· 142
  9.2.1 了解市场需求 ········· 142
  9.2.2 分析产品目标市场 ········· 145
  9.2.3 利用社交媒体了解市场需求 ········· 146
 子任务 9.3 分析产品竞争对手 ········· 147
  9.3.1 找到竞争对手 ········· 147
  9.3.2 分析竞争对手 ········· 147
  9.3.3 分析竞争对手网站 ········· 149
 子任务 9.4 验证产品的方法 ········· 149
  9.4.1 问卷调查 ········· 150
  9.4.2 在社交媒体和邮件中预售 ········· 150
  9.4.3 创建众筹 ········· 152
 子任务 9.5 全面评估产品 ········· 152

任务 10 获取产品渠道 ········· 159

 子任务 10.1 选择产品渠道 ········· 160
  10.1.1 自制 /DIY ········· 160
  10.1.2 加工制造 ········· 161
  10.1.3 批发 ········· 161
  10.1.4 代销 ········· 162
 子任务 10.2 选择供应商 ········· 163
  10.2.1 确定供应商类型 ········· 163
  10.2.2 寻找供应商的方法 ········· 164
  10.2.3 供应商询价 ········· 164

附录 线上教学资源说明 ········· 168

参考文献 ········· 170

模块二

全平台选品
掌握一般选品工具和方法

任务 1

走进产品开发

学习目标

【知识目标】
1. 了解产品开发的定义及重要性;
2. 掌握产品开发的价值逻辑;
3. 掌握产品开发的原则与方法。

【能力目标】
1. 能够结合公司品牌、目标客户、产品品类等因素合理进行开发产品;
2. 能够根据毛利计算公式选择有盈利的产品;
3. 能够运用关键词、用户痛点及爱好等选品方法进行产品开发。

【素质目标】
1. 树立在跨境电商平台进行合法合规的选品意识;
2. 具备客观、严谨、创新的选品思维和诚信经营的职业素养;
3. 树立爱国意识,崇尚国货与文化自信。

任务引入

马丽家里有一个规模较大的服装店,经营过程中,马丽发现许多中国传统服饰在国外逐渐流行。在了解国家对跨境电商行业鼎力支持的政策后,马丽决定通过跨境电商平台经营中国传统服饰,传递中国传统服饰文化。但市场上中国传统服饰品类繁多,款式多样,质量也参差不齐。为了更好地打开海外市场,请你帮助马丽正确运用产品开发逻辑、选品方法进行产品定位和选品。充分挖掘产品情感价值,建立国货自信,用创新选品思维推广国货。

任务 1 走进产品开发

任务实施

子任务 1.1 认知产品开发

在跨境电商经营中，大家都知道"七分靠选品，三分靠运营"的道理。跨境电商最重要的环节，不是库存控制、成本控制、订单处理或用户维护，而是产品线的选择。

1.1.1 产品开发的定义

产品开发是指通过系统且科学的市场调研及数据分析（包括行业情况、价格、热销品等因素），选择最合适的产品及供应商，并把控产品质量的过程。

1.1.2 产品开发的重要性

不管是个人店铺，还是企业店铺，对它们来说，做生意最重要的就是决定要卖什么。决定了产品，就大概决定了目标客户群、销售渠道、竞争对手、成本及盈利的多少。Amazon 上售卖的产品其实就是经常出现在我们日常生活中的产品。Amazon 上售卖的豆瓣酱如图 1-1 所示，Amazon 上售卖的手机保护贴膜如图 1-2 所示。

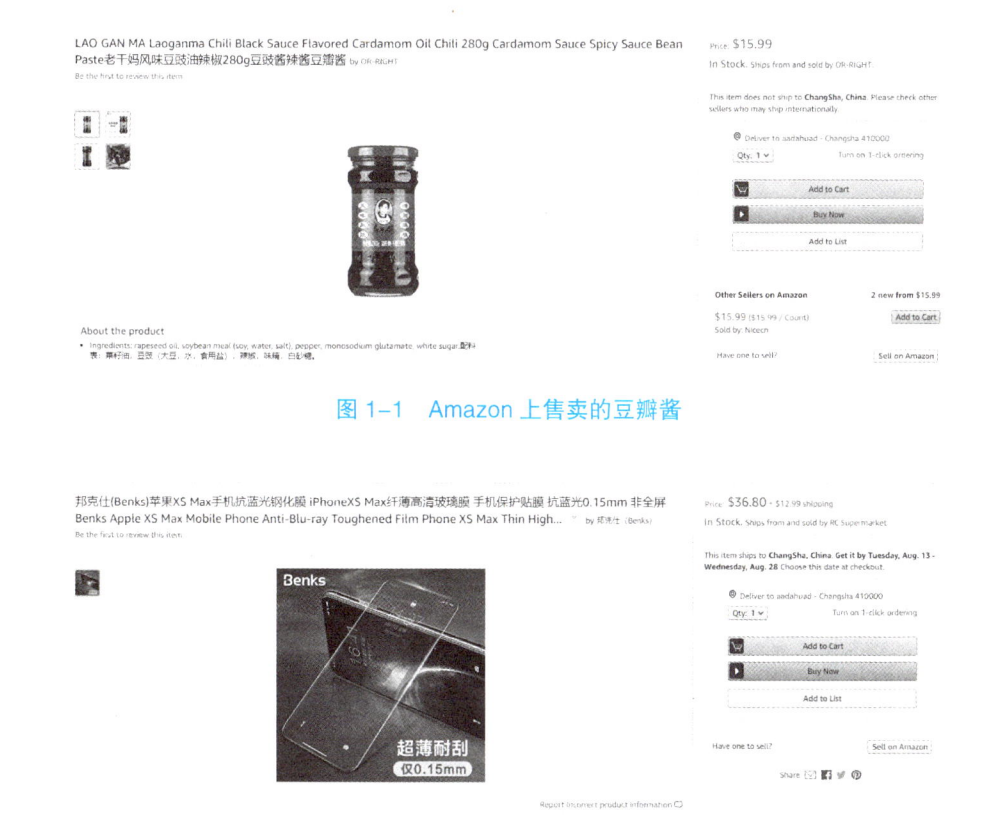

图 1-1 Amazon 上售卖的豆瓣酱

图 1-2 Amazon 上售卖的手机保护贴膜

1.1.3　产品开发的价值逻辑

1. 视觉价值

视觉价值并不仅仅是美观。由于每个人的审美不同,对美观的评价也不一样。产品除了美观,还需要让用户有眼前一亮的惊喜感,如图 1-3 所示的鲨鱼宠物窝就能达到这种效果。

图 1-3　鲨鱼宠物窝

如果该产品只是一个单纯的宠物窝,肯定没有什么卖点。但是,夸张的鲨鱼造型,在视觉上能够给人以惊喜感。这种产品在营销上至少有以下两点优势:

(1) 便于制作有冲击力的视频广告。

根据 Tubular Insights 调研的数据,使用视频广告的产品的销售数量比不使用视频广告的产品的销售数量要高 49%,看视频广告后下单的顾客人数比没有看视频广告下单的顾客人数多 64%。

(2) 免费的营销机会。

对于自媒体平台中中小量级的运营者来说,他们需要通过新奇好玩的东西来获取流量。所以,只要产品好看、好用,就能吸引用户的眼球。如果能够附赠样品,他们还会欣然同意做广告,这样卖家能够获取免费的营销机会,从而能够节省一笔营销费用。如图 1-4 所示的待在鲨鱼宠物窝中的猫就是网红,这张它待在鲨鱼宠物窝中的图片,在社交平台上收到了近 6 000 个赞。

图 1-4　待在鲨鱼宠物窝中的猫

2. 实用价值

不同细分领域、不同品类产品的实用价值不同。在这里，我们将通过几个实用又热卖的手机配件的案例进行说明。触摸屏手套如图 1-5 和图 1-6 所示。

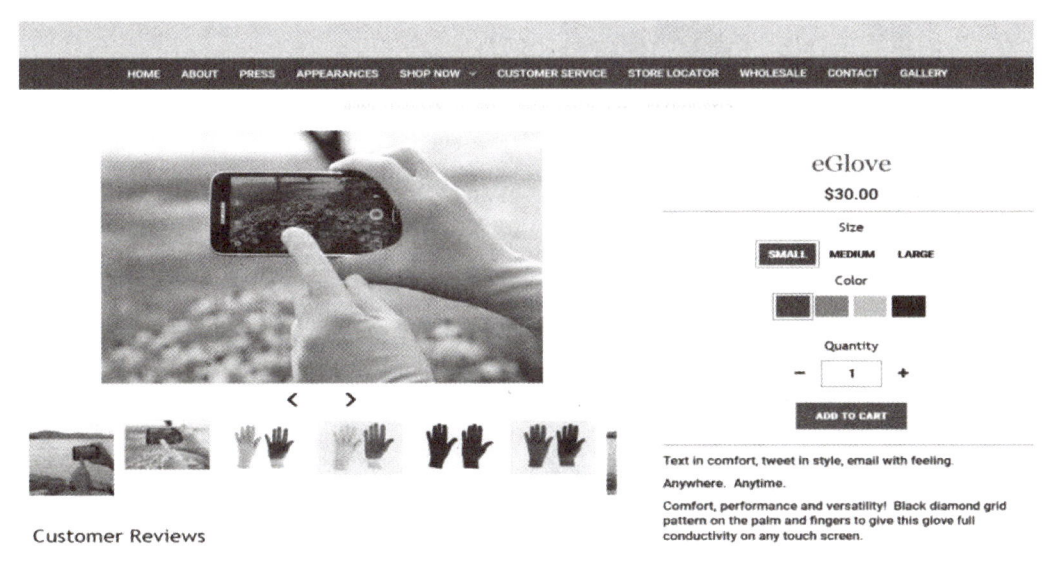

图 1-5 触摸屏手套（1）

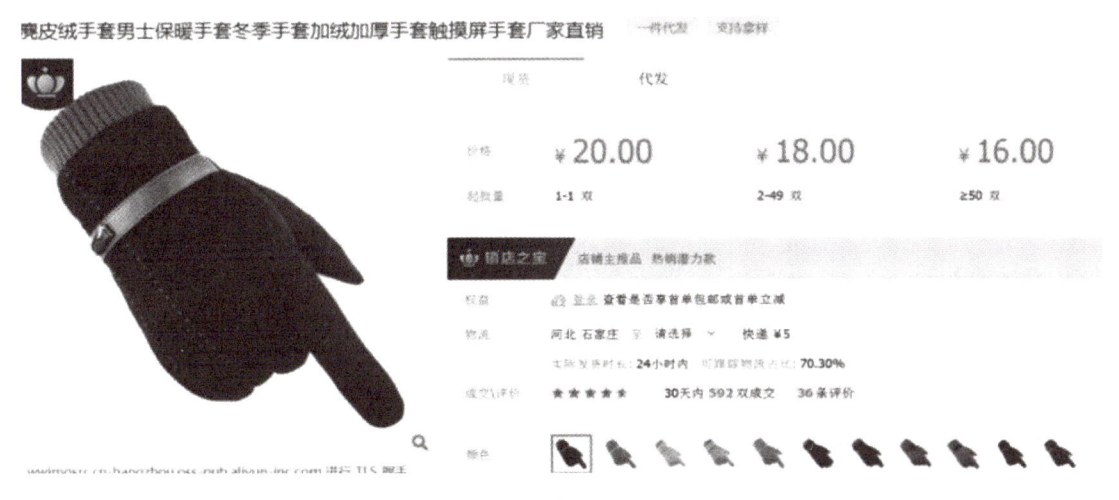

图 1-6 触摸屏手套（2）

对于"手机党"来说，这两款产品实用性非常强。在冬天外出的时候，"手机党"使用手机时不需要摘掉手套，非常方便。其缺点是这款产品的季节性比较强。

纳米吸附手机壳如图 1-7 和图 1-8 所示。

这两款纳米吸附手机壳，名字具有一定的科技感，实用性也非常强，有超强的吸附力，在日常生活中使用可以说是非常方便。这款产品还曾出现在 Oberlo（Shopify 平台插件）的官方教程视频中，如图 1-9 所示。

图 1-7　纳米吸附手机壳（1）

图 1-8　纳米吸附手机壳（2）

图 1-9　Oberlo 的官方教程视频截图

任务 1　走进产品开发

3. 认知价值

前面两个案例中的产品都是以实用为主的，这样的产品成为爆款理所当然。但现实生活中，这种创新的产品并不是很多，毕竟 PMF（Product Market Fit，产品市场契合点）不是很好把握，一件被人们接受的创新爆款被打造出来的同时，背后至少有十件创新失败的滞销品。

许多公司的研发人员在做产品研发时，他们并不关注这个产品的功效或功能有多么好，而关注更多的是这个产品的认知价值。消费者认知价值主要的两个核心要素如下：

（1）用户看上去觉得有价值。

（2）产品所宣扬的价值在短期内很难量化、评估。比如，"钻石恒久远，一颗永流传"就是营销学上比较经典的价值塑造案例。

4. 情感价值

我们仍然通过案例来说明产品开发的情感价值。

一家主打父子 T 恤产品的网店，其产品如图 1-10 所示。

图 1-10　父子 T 恤卖家的产品

打开这个主打父子 T 恤的网站，一股浓浓的父子情扑面而来。大人和小孩的表情、神态、姿势都很默契，画面非常具有感染力，容易引起用户的共鸣。同时，该产品不仅卖家秀做得好，在营造了丰富情感的店铺氛围以后，顾客反馈的买家秀也同样充满了温馨感。父子 T 恤买家秀如图 1-11 所示。

图 1-11　父子 T 恤买家秀

这个网站最大的特点是他们采用了"Print on Demand"（按需印刷）的经营模式，即给厂家提供设计的样式，但只生产一件样品用于拍摄产品并在网店中进行展示，然后根据客户的订单再追加生产。

5. 利基价值

宠物背心早就不是什么新款，但如图 1-12 所示的这款宠物背心却获得了 3 000 多个订单。虽然看图片与其他宠物背心相比没有什么特别之处，但这款背心提供了从超小号到超大号的 8 种不同尺寸，而其他店铺一般只提供 4～5 种尺寸。

图 1-12 宠物背心

由于卖家在营销时，避开了竞争比较激烈的普通尺寸，而是瞄准了超小尺寸的宠物犬吉娃娃市场，以及巨大尺寸的大丹犬等小众市场。瞄准小众市场，从而把这款产品打造成了爆款。

在"父子 T 恤"案例中，其实也用到了利基价值策略。卖家并没有做母子 T 恤，而是只专注做父子 T 恤，因为妈妈和宝宝的亲子装实在是太多了。

6. 趋势价值

产品要热销，通常可以采取以下两种策略：

（1）产品挖掘策略。

在一个产品还没有特别热销之前就布局。如果前面提到的 5 种价值，某个产品都还没被挖掘，那么这个产品就有一定的潜质值得布局。

（2）趋势跟卖策略。

如果一个产品已经大卖了，卖家也未必不能跟进。因为可能市场饱和程度不高，只要整体趋势是往上走的，那么就还有一定的价值值得跟卖。

例如，据有关调研报告，不锈钢吸管早已经不是新品，但仍然是复购率较高的产品。不锈钢吸管产品如图 1-13 和图 1-14 所示。

一位新卖家通过谷歌趋势工具分析了不锈钢吸管销量趋势，如图 1-15 所示。同时，他还观察了这款产品销量的增长速度，再查看速卖通平台这款产品的销量，发现在速卖通平台上已经卖了 1.5 万单。但该新卖家依旧没有放弃，继续调研这款产品增长背后的真正原因。结果发现：美国一些州禁止使用一次性吸管，这就是新的市场。哪怕这款产品已经热卖，但他还是选择这款不锈钢吸管，最后赚得盆满钵满。

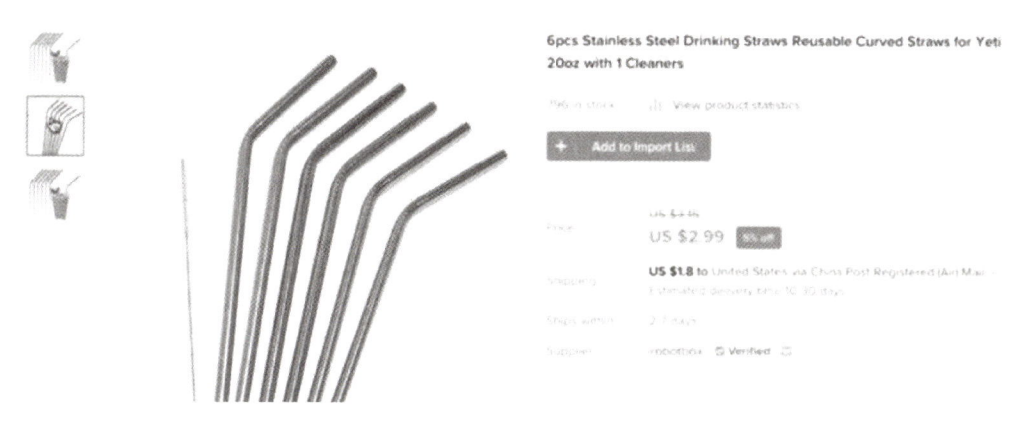

图 1-13　不锈钢吸管（1）

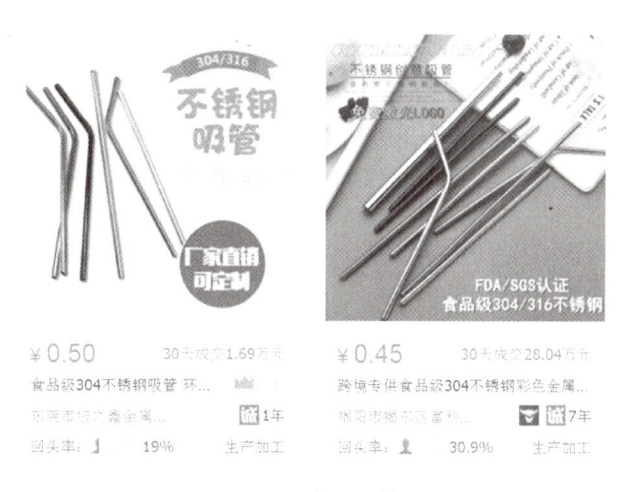

图 1-14　不锈钢吸管（2）

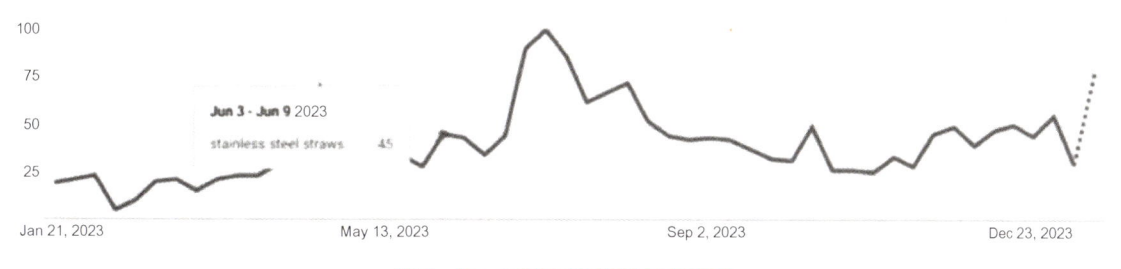

图 1-15　不锈钢吸管销量趋势图

这位新卖家先观察了数据，然后找到了市场增长的真正原因并进行验证。这种多维度互相验证的方法，使得决策的准确度提高了许多。

7. 热点价值

卖产品和写文章一样，如果能贴上热点，自然能为自己的产品带来更多免费的流量，使产品的曝光率大大提升。

在这个互联网盛行的时代，自媒体的信息受到越来越多网友的喜爱。如果产品能够在自媒体的作用下推广，那效果可以说是事半功倍。但是，电子商务追热点与自媒体追热点还是有差别的。对于电子商务，追热点又分为三种类型。

1) 单一热点型

单一热点型会追随某个现象级 IP 热点，并提供相应的周边产品。这里列举一个国内大家耳熟能详的例子：刷屏短片《啥是佩奇》大火后，有人就开始卖啥是佩奇二手鼓风机，如图 1-16 所示；还有人蹭此热度卖啥是佩奇小猪吊坠，如图 1-17 所示。

图 1-16　啥是佩奇二手鼓风机　　　　图 1-17　啥是佩奇小猪吊坠

但是，这种营销方式并不适合新手卖家，主要有以下三个原因：
- 新手卖家缺乏一定的沉淀；
- 对运营快速响应的能力要求较高；
- 时效性很强，热度不是一直都有，可能等新手卖家卖这款产品的时候，热度已经过去了，这样很容易造成损失。

2) 综合热点型

综合热点型适合具有系统性思维的流量大咖，他们不只是拘泥于某一个热点，而是将所有热点汇集在一起，做成一个覆盖面更广的综合性网站。

比如，基于影视明星同款的淘宝客引流网站，如图 1-18 所示。基于影视明星同款的自建商城，如图 1-19 所示。

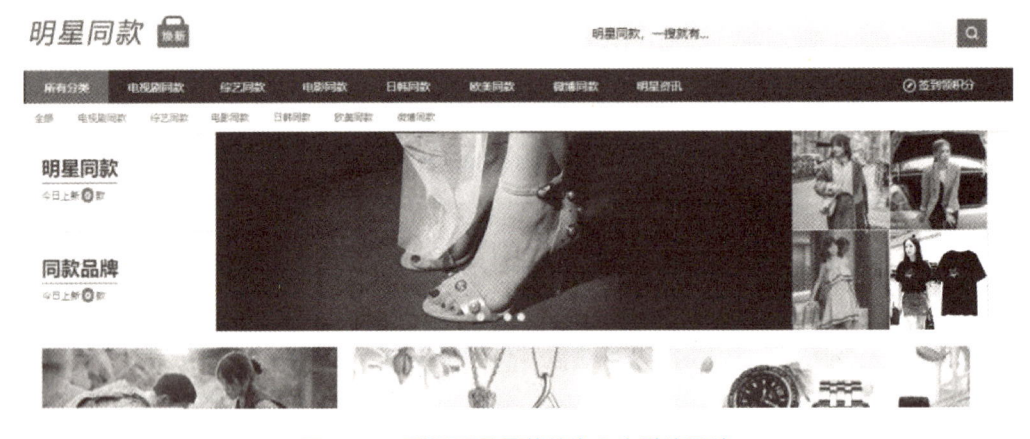

图 1-18　影视明星同款的淘宝客引流网站

图 1-19　影视明星同款的自建商城

3）平台热点型

平台热点型适合有系统性思维、长期战略思考能力和对行业的发展有深刻洞察能力的卖家。毕竟一个影视 IP 总有其生命周期，一个当红明星也总有过气的时候。但是，当一个平台火起来的时候，它的生命力是非常顽强的，后期拓展空间是无限的。

国内较早布局的社交平台有微博、微信公众号、直播、抖音、头条、B 站等；国外较早布局的社交平台有 Facebook、Twitter、YouTube、Instagram 等。

这些社交平台现在经营得非常好，平台用户也非常多。当然，未必非要赶在新平台刚出来的时候入局，哪怕是在平台已经发展到中期入局也不一定晚，因为平台是在发展变化的，总是会不断推出新的政策和功能，有时候抓住一个新的功能点也能大赚一笔。

例如，Facebook 曾推出的 Tag（标记）功能，在照片上给别人标记的信息会出现在对方的时间轴上，对方所有好友都会看到这条信息。一张照片能给 98 个人做标记，按平均每人有 350 个好友来计算，一次标记就有 3 万多人看到，而且这些都是免费的。

如果一个产品能得到这么多的曝光量，那么成功的概率就要比其他卖家高许多。类似这种充分利用平台功能的案例还有很多，比如 Instagram 的 Hashtag、Story 等。

卖家在决策店铺要卖什么的时候，如果能和热点平台的调性及最新的政策和玩法结合起来，自然也能大大提升自己产品的曝光率。

1.1.4　产品的定位

如何进行产品的定位呢？

首先，需要确定公司及产品的定位是想做品牌，还是想做销量。其实，品牌是关键因素，好的品牌可以带来更多的销量和关注度，甚至还可以带动店铺内其他品牌、单品的销量，所以，不能忽视品牌建设。若想做销量，可以关注热门类目和单品；若想获取稳定的利润，可以多关注一些冷门类目。

其次，需要确定目标客户。弄明白了目标客户，卖家就能把握他们的消费特点，了解他们喜欢的品牌，以及这些品牌的市场占有率、大型卖家的情况。不仅如此，还能根据目标客户的需要布局自己的产品结构，确定哪些是季节性的产品，哪些是应该主推的固定产品，哪些是爆款产品。

精品开发的方式除打造爆款以外，还有一种方式就是铺货。对客户来说，品类越丰富，购物就越便利。但是，产品线铺得太长，也存在以下弊端：

（1）不能为所有的产品都准备充足的库存，因此会出现畅销产品缺货的现象，从而会导致用户投诉、退单，销量停滞不前；

（2）产品品种太多，不能全面了解竞争对手，仅凭感觉定价，往往缺乏竞争力；

（3）非畅销产品往往滞销，临近过期时，促销打折成为运营的核心工作；

（4）产品线长，编辑人力不足，产品描述缺乏吸引力。

那么，如何解决以上问题呢？

（1）卖家可以采取线下现场采购的模式解决燃眉之急。目前，全球有很多产品齐全的批发市场，如深圳的华强北商业区。

（2）组建产品线时，我们简单参考这样一个比例，即规划20%的产品作为引流产品；规划20%的产品作为高利润产品，也就是核心产品；其他产品为常态产品。

当然，产品线的选择也不是一次性到位的，而是根据销售情况不断调整、优化的。这期间，卖家需要更加了解产品的行业情况，了解竞争对手在这些品类上的动态，关注对手的SKU变化、价格变化，随时保持竞争力。更重要的是，通过对行业和店铺的热销品牌、宝贝、飙升品牌、宝贝的综合对比分析，最后系统、科学、合理地优化组合，找到最合适的供应商以供选择，这是货源的重要保障和依据。

不同跨境电商平台，其选品方式及热销品类也不一样，比如，Amazon、eBay、Wish、速卖通、Lazada、Cdiscount等平台。Amazon平台为卖家提供了专门的选品工具（如Jungle Scout）；Lazada是东南亚地区较大的在线购物网站，美妆类是它的热卖品类之一；Cdiscount平台的优势品类是家居类。在后面的章节中，我们将介绍多种选品工具、选品方法，以及利用Amazon、速卖通、Wish平台的商品数据进行选品的技巧。

1.1.5　产品开发的流程

产品开发的流程分为以下几步：

第1步：选择产品品类。在100款左右的同类产品中分析数据，决定要售卖的产品。

第2步：新品开发。根据要售卖的产品去寻找供应商，然后根据需求给供应商提供几款样品订单。

第3步：确认供应商提供的样品是否合格。样品到货之后，要确认样品是否合格，主要检查样品的质量、功能、包装及其他要求。

第4步：审核供应商的资质。确认样品之后，需要去查看供应商的营业执照、公司规模，确定供应商有没有研发能力，确认付款方式等，最后决定要不要大批量采购。

第5步：确定首单数量并议价。确认好供应商的资质之后就可以准备采购首单了，其间要注意跟单细节，并且要跟踪到货周期及物流情况。

第6步：采购下单。首单确认好后就可以根据销售情况批量下单，卖家要和供应商洽谈好价格和账期。如果产品在销售过程中没有问题，可以返单，开始进入日常运营的一个周期性阶段，即采购阶段。这个阶段要确认稳定的交货期，谈好降价策略及付款方式。首批到货之后，及时反馈不良品和外包装问题，以及提出产品功能优化等建议。

1.1.6 计算单个产品的毛利

简单来说，单个产品毛利的计算公式如下：

单个产品毛利 = 售价 − 采购成本价 − 运费 − 平台佣金费用 − 其他费用

式中，其他费用包括推广费用、仓储费、运营成本等。卖家在经过综合调研分析后，要选择一款有较大利润空间的产品。

子任务 1.2 产品开发的原则和方法

1.2.1 利用关键词寻找市场

分析产品自然搜索流量是卖家寻找产品或利基市场的一种好方法。卖家可以通过各种搜索引擎（如谷歌）找到各种产品关键词，然后通过自身的判断能力找到有可能成为爆款的产品。

例如，Andrew Youderian 是一名电子商务企业家，eCommerceFuel 的创始人。他第一次接触电子商务的目的就是想要找到一个有收入、比较灵活的商业模式。这种模式的可行性比他对产品的热情程度更加重要。因此，Andrew Youderian 仔细挑选关键词，选择认为有机会成功的利基市场。经过一番努力，Andrew Youderian 发现了一个现象：在渔具设备行业，对讲机的关键词排名很靠前。

有了这个发现，Andrew Youderian 开发了一款新的产品，那就是"车用对讲机"。并且利用谷歌搜索引擎，将他的产品搜索排在搜索结果的第三名，如图 1-20 所示。

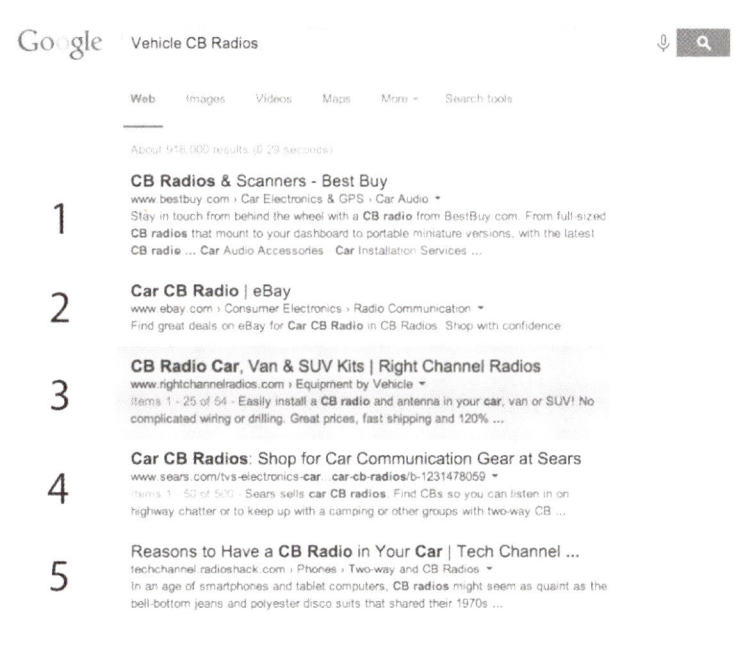

图 1-20 Andrew Youderian 开发的新产品在谷歌搜索中的排名

1.2.2　建立有趣且独特的品牌

卖家通过建立一个有趣且独特的品牌的方式来选品，需要非常了解目标客户群体，把品牌精雕细琢，让用户在心中留下独特的印象，这种方式对利润稀薄领域或竞争疯狂领域的产品特别有用。

例如，Dbrand 是著名的手机贴纸制造商，它与用户之间有独特的沟通方式，在不到一年时间里就吸引了 64 000 个 Facebook 粉丝。同时利用"米姆文化"，添加独特幽默，使 Dbrand 这个企业品牌成为行业的翘楚。Dbrand 与用户互动页面如图 1-21 所示。

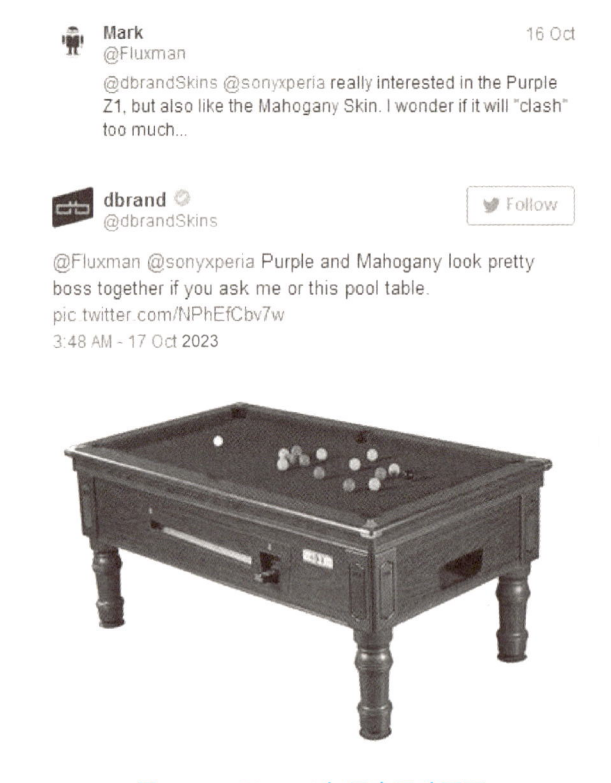

图 1-21　Dbrand 与用户互动页面

一个品牌的成功，很大一部分要归功于赋予该品牌产品新鲜的或独特的特色。这方面做得比较好的还有一个 iPad 保护套厂商，其保护套是由旧金山的传统手工艺人手工制作的，很有自己的特色。

1.2.3　找到并解决用户的痛点

找到并解决用户的痛点是一种提升销量的好方法。

例如，有的人非常讨厌磨牙，因为磨牙不仅会影响人的睡眠，还会引发牙科疾病。Jing 就是其中的一员，他的牙齿出现状况后，不仅身体受到了折磨，牙齿的治疗费用也让他心痛不已。因此，Jing 发明了如图 1-22 所示的牙套卫士。定制的牙套卫士能避免人在睡着的时候一直磨牙，这不仅替别人解决了晚上磨牙的坏习惯，还能预防牙科疾病。

图 1-22　牙套卫士

1.2.4　找到用户的爱好

与解决用户的痛点相比，更高级别的方法是迎合用户的爱好。当用户对某些产品感兴趣时，他会想尽办法拥有。另外，这也更能加深用户和买家的互动，从而培养用户的品牌忠诚度。

例如，BlackMilk 公司成立于 2009 年，创办人创办的博客 Too Many Tights 引爆社区后，发现女士紧身服非常受欢迎，于是创建了 BlackMilk 服装品牌。BlackMilk 已是资产达到几百万美元、拥有 150 多名员工、产品遍布全球的公司。BlackMilk 公司首页如图 1-23 所示。

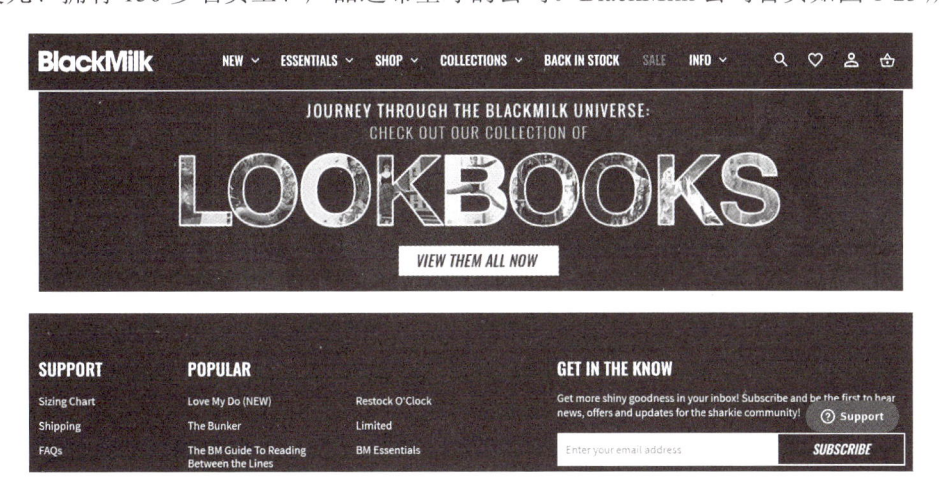

图 1-23　BlackMilk 公司首页

1.2.5　寻找机会和突破口

互联网虽然衍生出很多工作岗位，但随着人们的努力和创新，很多行业都已经从蓝海市场变成红海市场，并且开始趋向饱和。卖家想要从中获得更高的市场占有率和利润，就需要先找到一个突破口。

这个突破口可能存在于一个待提高特性的产品、一个未被竞争对手认知的市场，或者是在自身的营销能力当中。如果能够找到这样的一个突破口，那么商机也就出现了。

寻找突破口的方法有很多种：卖家可以根据自己的兴趣爱好来搜索产品；可以通过以往的工作经验，把经验和技能转变为产品，而且这种方式也不易被其他卖家复制；可以通过网上新流行的商品趋势，提早布局品牌宣传，让买家在心中留下深刻印象。

下面通过国外 5 个经典的产品案例，说明如何寻找产品的突破口。

案例 1：Eric Bandholz 创办了一个讨论商业和销售策略的博客"Beardbrand"。经过一段时间的发展，他让对胡须比较感兴趣的网友关注他的博客。通过博客与这些网友交流，及时把他对胡须的积极生活方式转换为一个销售胡须修饰相关产品的商业模式。"Beardbrand"的胡须相关产品营销页面如图 1-24 所示。

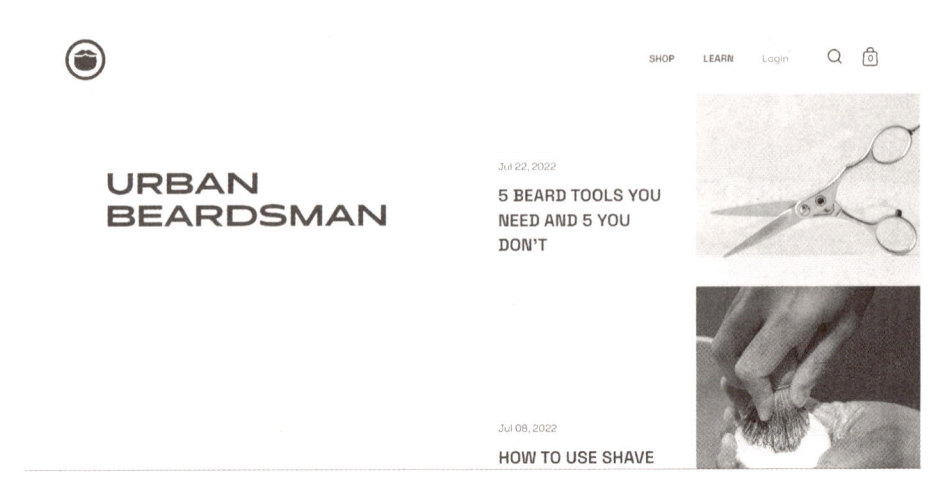

图 1-24 "Beardbrand"的胡须相关产品营销页面

案例 2：Jim 通过详细阅读 Amazon 的产品评论，查找消费者发布的产品缺陷和功能不足。利用这些信息，Jim 通过工厂对产品进行深加工及技术功能升级，研发的产品深受消费者欢迎。如图 1-25 所示的 Hipo Shower Radio（洗澡用的收音机）就是通过这种方法研发的产品。

图 1-25 Hipo Shower Radio（洗澡用的收音机）

案例 3：Jonathan Snook 在网站设计及开发方面是个专家。他利用自己几年的经验和知识出版了一本关于网络开发的书，书名为《SMACSS 的可扩展模块化架构》，如图 1-26 所示。

图 1-26　Jonathan Snook 出版的图书

案例 4：Jillian Michael 参加过超级减肥王节目，他利用专业技能建立了健身和减肥的网上商店，销售包括 DVD、书籍和运动器材等产品，如图 1-27 所示。

图 1-27　Jillian Michael 的健身和减肥店铺的产品

案例 5：Flockstocks 的创始人 Sophie Kovic 很早就注意到了羽毛假发产品的发展趋势。在花钱订货之前，他先通过其他网站进行预售测试，结果 4 小时就成交了 11 单。发现这个机会后，他建立了正规的网站，并开始订货着手进行运营，赢得了 Shopify 富士珠宝类目下 A 级商业竞赛的冠军。

任务总结

本任务着重介绍了产品开发的定义、重要性、价值逻辑、定位、开发流程等，以及产品的开发原则和方法，该任务知识导图如下。

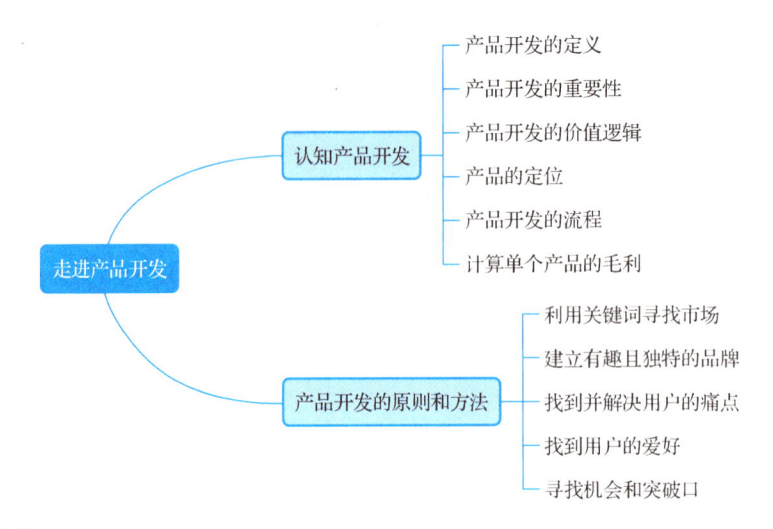

```
                                          ┌─ 产品开发的定义
                                          ├─ 产品开发的重要性
                           ┌─ 认知产品开发 ─┼─ 产品开发的价值逻辑
                           │                ├─ 产品的定位
                           │                ├─ 产品开发的流程
            走进产品开发 ─┤                └─ 计算单个产品的毛利
                           │
                           │                        ┌─ 利用关键词寻找市场
                           │                        ├─ 建立有趣且独特的品牌
                           └─ 产品开发的原则和方法 ─┼─ 找到并解决用户的痛点
                                                    ├─ 找到用户的爱好
                                                    └─ 寻找机会和突破口
```

任务拓展

一、任务布置

宠物生活用品一直是跨境电商平台的热门产品。目前，世界区域内流量排名靠前的宠物类网站，每天约有来自全球的 120 000 个订单。相比传统猫床，我们设计了新款悬浮猫床（如下图）。请各小组成员一起完成悬浮猫床的选品逻辑。

二、任务步骤

第一步：请各小组成员思考并讨论如何挖掘悬浮猫床的选品逻辑，分析其价值逻辑的类型。

第二步：各小组成员充分讨论后提炼、总结悬浮猫床的选品逻辑，完成下面表格的填写。

悬浮猫床的选品逻辑

小组名称：

选品逻辑讨论结果		
价值逻辑的类型	组员 1 观点：	组员 2 观点：
	组员 3 观点：	组员 4 观点：
选品逻辑的运用	组员 1 观点：	组员 2 观点：
	组员 3 观点：	组员 4 观点：
讨论过程中的疑惑		

第三步：结合小组成员的讨论结果，总结该产品开发过程中视觉价值的意义，如视觉价值选品的美感和惊喜感，重点讲述如何通过把握美感和惊喜感进行选品。

第四步：通过调研各大跨境电商平台上的4款产品（不限类目），收集相关资料，每款产品列举3个以上的选品要素，完成下面表格的填写。

产品选品要素

小组名称：

产品名称	选品要素
产品1：	
产品2：	
产品3：	
产品4：	

第五步：小组成员互评并挑选1组代表对成果进行展示，共同分析存在的问题并进行总结和评价，完成下面表格的填写。

总结和评价表

小组名称：

任务总结	知识小结	
	团队收获	
	任务评价	

任务实训

一、单选题

1. 跨境电商选品最注重的是商品的（　　）属性。
   A．价格　　　　B．颜色　　　　C．质量　　　　D．品牌
2. 以下哪种方法属于产品开发的原则和方法？（　　）
   A．坚持梦想　　　　　　　　　B．及时总结经验
   C．找到用户痛点　　　　　　　D．寻找大量资金
3. 不适合新手卖家的热点价值类型是（　　）。
   A．单一型热点　　B．综合型热点　　C．平台型热点　　D．搞笑型热点

二、多选题

1. 热点价值分为以下哪几种类型？（　　）
   A．单一型热点　　　　　　　　B．综合型热点
   C．平台型热点　　　　　　　　D．搞笑型热点
2. 单一型热点不适合新手卖家的原因有（　　）。
   A．没有沉淀　　　　　　　　　B．对运营快速响应能力要求高
   C．时效性很强　　　　　　　　D．需要全局意识

三、判断题

1. 单一型热点适合新手卖家。（　　）
2. 单个产品毛利＝售价－采购成本价－运费－平台佣金费用－其他费用。（　　）
3. 商品挖掘策略是趋势价值中的一种方法。（　　）
4. 比解决用户的痛点更高级别挖掘客户的方法是迎合用户的爱好。（　　）

四、思考题

1. 请同学们从网上搜索关于"Anker"品牌的信息，并分析该品牌的公司定位、目标客户群体及其产品线。

2. 以下面图片中的狗屋为例，分析其体现了哪些价值逻辑。结合本任务所学知识，谈谈如果让你来开发一款宠物屋产品，你会怎么做。

3. 利用关键词寻找市场是产品开发的方法之一，请尝试使用谷歌搜索引擎寻找利基市场，选择一款很有可能成为爆款的产品。

任务 2

第三方选品工具

学习目标

【知识目标】
1. 了解 Google Trends、Jungle Scout 等工具的主要特点；
2. 掌握国内外各种第三方选品工具的优缺点；
3. 掌握国内外各种第三方选品工具的功能。

【能力目标】
1. 能够利用各种选品工具的优缺点进行精准选品；
2. 能够利用 Google Trends 进行趋势分析；
3. 能够根据不同选品工具的数据分析结果进行选品。

【素质目标】
1. 树立遵守各种第三方选品工具的规则意识，维护良好有序的市场环境；
2. 具备对市场信息进行分辨和研判的敏锐性；
3. 树立数据安全意识，开拓数据运用思维。

任务引入

马丽在系统学习产品开发后，发现原来开发一款新产品有那么多的注意事项，不但需要计算产品的利润，还需要知道产品开发的价值逻辑及原则、方法。在了解产品开发后，马丽就开始进入选择产品的阶段。为了选择对的产品，马丽开始学习各种第三方选品工具的使用技巧，如谷歌趋势，卖家网等。下面我们一起尝试帮助马丽根据各种工具的优缺点和功能来进行选品。

任务实施

子任务 2.1 选品工具之 Google Trends

1. Google Trends 概述

Google Trends（谷歌趋势）是 Google（谷歌）旗下基于搜索数据的一款分析工具。它通过分析谷歌搜索引擎每天数十亿用户的数据，告诉卖家某一关键词或话题在各个时期被搜索的频率及其相关统计数据。卖家可以通过这些搜索数据了解产品市场、目标受众群体信息，以及店铺未来的营销方向等。谷歌趋势图——热度随时间变化的趋势页面如图 2-1 所示。

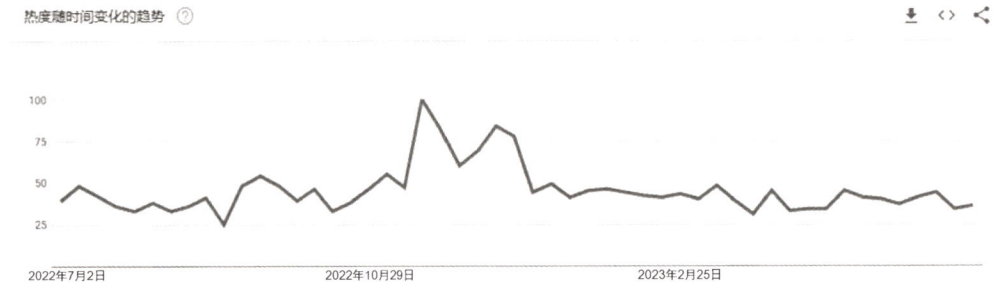

图 2-1 谷歌趋势图——热度随时间变化的趋势页面

2. 主要功能

Google Trends 的主要功能有以下几点。

（1）关键词研究功能。

Google Trends 的关键词研究功能能显示用户每天的搜索趋势。卖家输入产品关键词，就可得到此产品关键词被搜索的数据情况。

（2）查看网站流量。

在 Google Trends 页面，卖家可以查看相关网站的流量。

（3）色彩强度信息图表。

色彩强度信息图表能用不同的方式比较不同主题，它显示了关键词在特定区域受欢迎的程度，同时也可以生成有用的关键词研究数据。

3. 如何判断关键词是否值得使用

步骤 1：打开 Google Trends，将要设定的主要关键词（如 e-commerce）输入搜索框，如图 2-2 所示。

图 2-2 搜索关键词页面

步骤 2：观察被搜索关键词的趋势图，再由趋势的走向评估是否值得投资。被搜索关键词的趋势页面如图 2-3 所示。

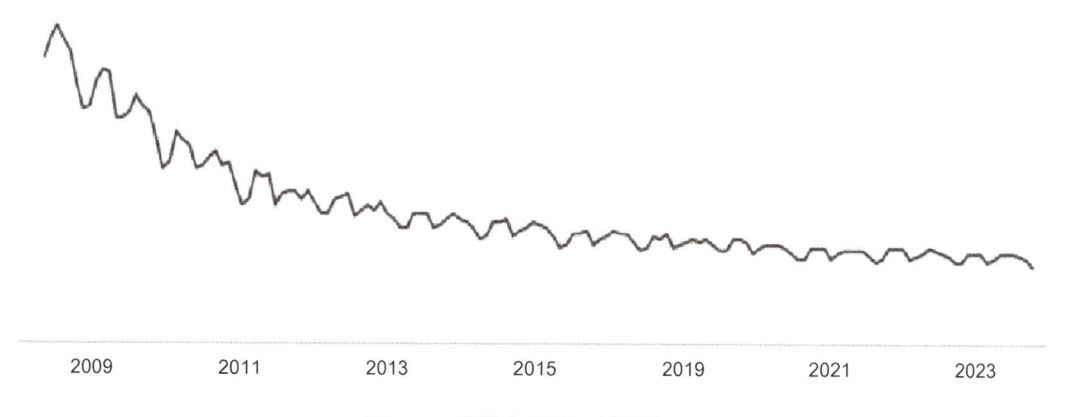

图 2-3　被搜索关键词的趋势页面

步骤 3：了解这些关键词最近的搜索数量，判断其是增加的还是减少的。如果这个关键词的搜索数量只有一段时间处于高峰期，之后持续减少，那么这个关键词就不值得选用。关键词搜索数量页面如图 2-4 所示。

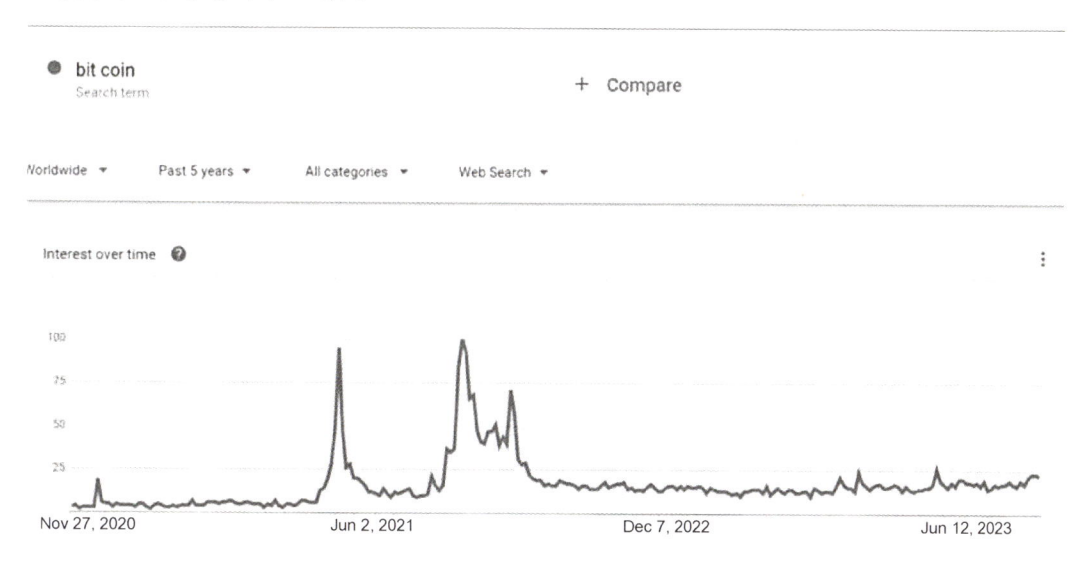

图 2-4　关键词搜索数量页面

4. 如何挖掘长尾关键词

步骤 1：运用 Google Trends 搜索要研究的主题长尾关键词，以"design ecommerce website"为例，在搜索框中输入搜索词"design ecommerce website"，如图 2-5 所示。下拉至搜索相关数据位置后，可以发现界面右边显示许多相关的关键词，如图 2-6 所示。

步骤 2：选定相关关键词，用 Keywords（关键词工具）进行搜索，卖家会得到一系列的相关词组，如图 2-7 所示。这里一连串的长尾关键词都可以用来作为卖家选关键词的灵感来源。

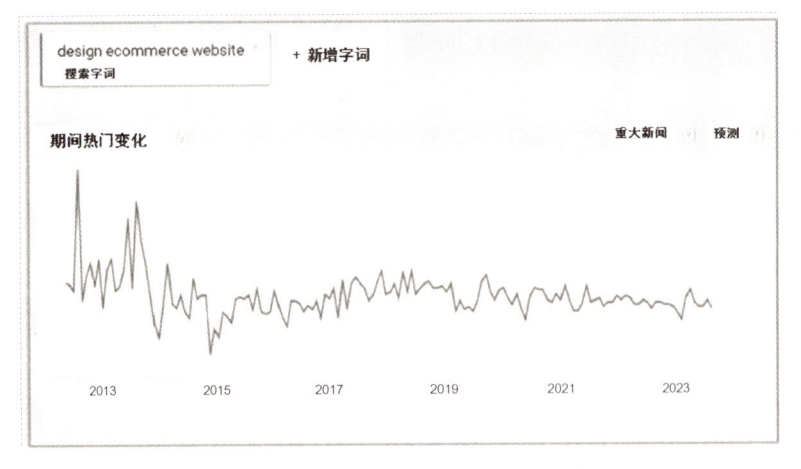

图 2-5　搜索长尾关键词

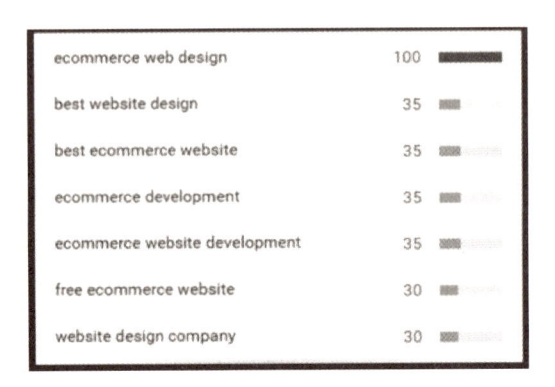

图 2-6　相关关键词

图 2-7　用 Keywords 搜索的关键词列表

5. 支持平台

支持平台：Amazon（美国、英国、加拿大、墨西哥、德国、意大利、法国、日本、印度）、Wish、eBay、速卖通等。

子任务 2.2　选品工具之 Jungle Scout

1. Jungle Scout 概述

Jungle Scout 是一款针对亚马逊卖家产品开发的选品工具，全球有超过 9 万个亚马逊卖家在使用。Jungle Scout 有 Web 版和插件版，其 Web 版可以帮助卖家根据市场供需情况找到产品创意。Jungle Scout 没有免费试用版，卖家如果要使用，需要注册后购买付费版本。

Jungle Scout 的 Dashboard（仪表板）里面还有很多分选项，卖家可以按品类和关键词搜索，并插入高级筛选选项，如最多卖家数量、最低月销售额或最少评价数量等。

执行搜索命令以后，结果页面会出现相关性较强的产品列表，卖家可以输入产品的 ASIN（亚马逊的商品编码），查看产品关键词、平均月销量、每月收益估算等。Jungle Scout 搜索页面如图 2-8 所示。

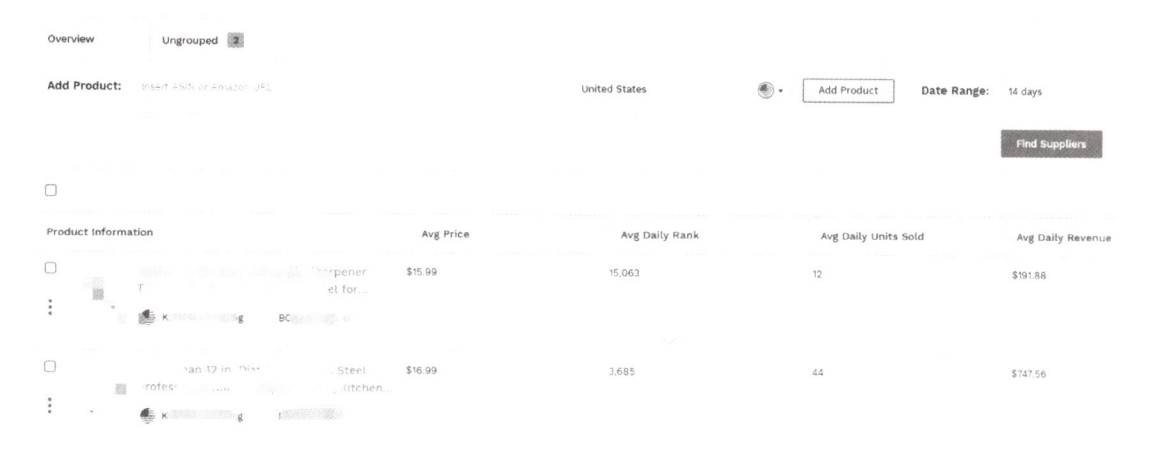

图 2-8　Jungle Scout 搜索页面

Jungle Scout 插件版特点：卖家不用打开产品的详情页面，只需单击事先安装好的插件，便可以浏览产品搜索页面的大部分数据，如名称、品牌、卖家数量、销售数量、价格、类目、销量排名、预估销量、预估销售额、评论数量、评论星级和物流方式等。

Jungle Scout 这款选品工具可以说功能十分强大，很多在亚马逊平台从事业务的跨境电商公司都是选择这个工具做选品和关键词优化的。

2. 主要功能

1）选品数据库（Product Selection Database）

（1）寻找爆款产品。通过选品数据库预设的过滤器组合功能，可以按类别、预估销售额、销售排名和收入等进行筛选，让卖家可以快速找到具有高潜力、高利润的产品。

（2）定制化筛选策略。卖家可以从产品的销量、竞争力、评级等 16 个维度的数据中研究产品，发挥创意，按照自己的策略制定筛选条件。

（3）计算亚马逊物流服务（FBA）费用，获得最大利润。使用选品数据库自带的 FBA

利润计算器，可以帮助卖家评估亚马逊物流服务费和平台费，快速计算出产品利润，以便卖家做出正确的投资决策。

2）关键词搜索器（Keyword Scout）

（1）关键词排名监控。通过关键词搜索器获得原始词表，并保存到"我的关键词列表"后，只需输入一个产品 ASIN，调出词表，便能监测到该 ASIN 的各种关键词在自然流量下的排名。

（2）反查竞品关键词数据。深度反查及分析竞品关键词数据，如监控竞品关键词的广告排名、搜索量趋势、相关度排名，让产品及 Listing（指一个产品页面，或者一件商品的一个页面）在竞品中脱颖而出，从而提升销量。

（3）查看关键词历史搜索趋势。在关键词搜索器里，可以查看某关键词两年内的历史搜索量变化趋势，为优化 PPC（Pay-Per-Click，每次点击付费）广告设置和产品详情页提供重要参考。

（4）快速搜索相关关键词。卖家输入一个关键词，便可以找到海量相关关键词，并查看这些关键词在亚马逊的月搜索量、新品发布期促销推广的建议数量、PPC 推广的建议出价等。

3）产品跟踪器（Product Tracker）

（1）监控关键指标。无论是分析新的产品机会，还是监控竞品的销售情况，卖家都可以利用 Product Tracker 跟踪关键竞品数据，分析竞品表现，做出选品决策，或者调整定价和采购策略。

（2）跟踪竞品销售情况。Product Tracker 能每天密切跟踪竞品的大类排名、销量和价格变动等，验证选品机会，让卖家做出最明智的选品决策。

3. 支持平台

支持平台：Amazon（美国、英国、德国、墨西哥、加拿大、法国、印度、意大利、西班牙）。

子任务 2.3　选品工具之 AmazeOwl

1. AmazeOwl 概述

AmazeOwl 通过从 Amazon 平台收集竞争对手的信息，为卖家提供一份经过筛选的高潜力产品清单。它还推出了一个五星产品排名系统，让用户可以及时了解销售某种产品的难易程度、需求量有多大，以及潜在的利润可能有多少。

如果要使用 AmazeOwl，卖家需要下载桌面应用程序（同时适用于 Windows 和 Mac OS 操作系统），其下载、注册过程十分简便、快速。

AmazeOwl 中有一个指定的管理中心（Dashboard），它列出了卖家所有已保存的搜索记录，但需要单击"Hunt for Products"标签来访问它们。在管理中心，卖家可以选择要搜索 Amazon 站点上的哪个产品，然后使用产品关键词搜索功能来找到 Amazon 当前的畅销品，或使用内置产品数据库进行更深入且更有针对性的挖掘。

关键词搜索功能可以让卖家了解哪些产品在特定细分类别中表现更加优异，而"Hunt Bestsellers"（搜索畅销品）选项则为那些在决定产品细分类别的卖家提供灵感。这两个选项都可以让卖家直接转向 Amazon 平台，其界面看起来就像是为消费者准备的一样。

根据卖家输入的特定搜索词，搜索页面中的产品上方会显示那些"高潜力"产品，并在悬浮框中给出该页面这类产品的数量。如图 2-9 所示的搜索结果页面中，卖家可以看到有 4

款"高潜力"的发膜产品。

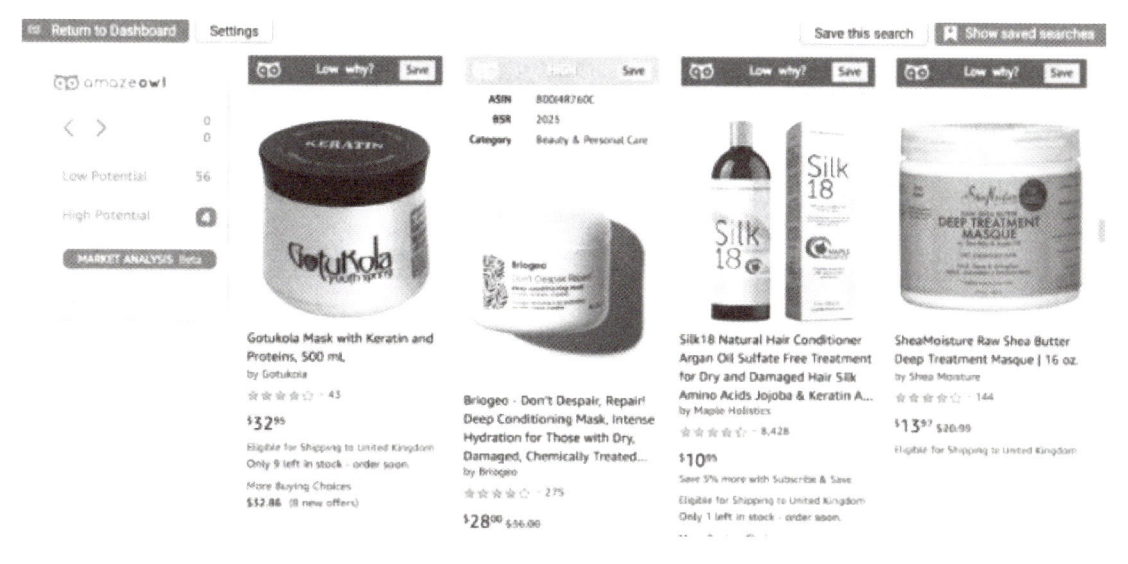

图 2-9 AmazeOwl 搜索页面

2. 主要特点及功能

AmazeOwl 选品工具的主要特点及功能如下：
（1）带有数百万 Listing 的产品数据库；
（2）五星评级系统，帮助卖家快速了解产品的需求情况及其潜在利润；
（3）竞争对手研究；
（4）关键词监控；
（5）搜索 Amazon 当前的畅销品；
（6）提供"高潜力"产品数量的悬浮框；
（7）展示最佳产品的图片和平均评论数量；
（8）新竞争对手预警。

3. 支持平台

支持平台：Amazon（美国、英国、德国、墨西哥、加拿大、法国、印度、意大利、西班牙、日本、澳大利亚）。

子任务 2.4　选品工具之 Keepa

1. Keepa 概述

Keepa 是一款可以跟踪亚马逊上每件商品的价格和历史销售排名的插件工具，该工具已经成为众多亚马逊卖家分析产品销售情况的神器之一。卖家可以使用谷歌的 Chrome 扩展，在亚马逊产品页面上为每个产品自动载入产品销售情况等相关信息。只要有 Amazon 账号，在里面任意搜索一个产品，在产品主图下就可以看到 Keepa 曲线图。Keepa 插件的安装位置如图 2-10 所示。

图 2-10　Keepa 插件的安装位置

卖家通过这个插件可以自行选择价格追踪的时间范围（天、周、月、年等）；可以监控产品的价格历史、历史销售排行；可以记录该产品 SKU 的"秒杀"记录和评论数量的增长情况。销售排行可以看出产品的排名趋势，如果上涨速度特别快，这个产品成为爆款的潜力就越大，进而增加卖家找到较高质量产品的机会。

2. 主要功能

Keepa 的主要功能如下：

（1）确定销售排名。

Keepa 的重要功能之一是通过谷歌 Chrome 扩展提供产品历史销售排行。如图 2-11 所示的产品分析页面中，左侧数字是产品的价格，底部是具体销售日期，右侧是功能列表。打开功能列表（如销售排行），可以查看不同的分析数据（如销售排行、黄金购买框、全新品计数等）。

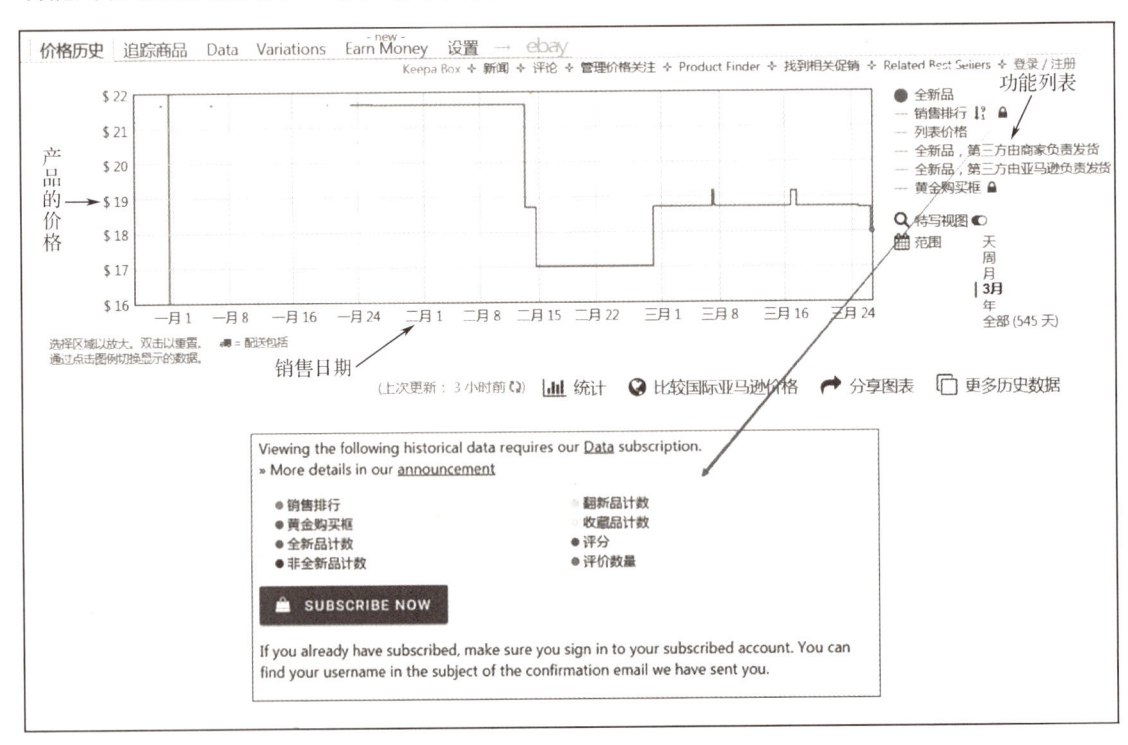

图 2-11　Keepa 产品分析页面

(2)历史价格与稳定性。

如图2-11所示的曲线表示第三方卖家销售新产品的情况。当卖家在该曲线上移动鼠标时,可以看到不同时间对应的产品价格是多少。

卖家通常会倾向于关注产品一段时间内的平均价格,这个数据可以帮助卖家分析产品价格的稳定性。

(3)卖家数量。

卖家单击"更多历史数据"按钮,可以查看新品卖家的数量(New Offer Count),实际上也指现在有多少卖家在跟卖这件产品。通过参考这个数据,卖家可以考虑是否加入这些现有卖家的竞争之中。此外,该数据还允许卖家直接参考上面的定价图表来查看相应的价格变化。

3. 支持平台

支持平台:Amazon(美国、英国、加拿大、墨西哥、德国、巴西、法国、意大利、西班牙、澳大利亚、日本、中国、印度)。

子任务 2.5　选品工具之 Unicorn Smasher

1. Unicorn Smasher 概述

Unicorn Smasher 是谷歌浏览器的一款插件工具,可以用来调研 Amazon 某一品类(关键词)下产品的市场容量和卖家竞争情况,帮助卖家在选品时更加准确地掌握市场情况,从而制定正确的选品策略。Unicorn Smasher 页面如图 2-12 所示。

图 2-12　Unicorn Smasher 页面

2. 主要功能

Unicorn Smasher 的主要功能如下:

(1)提供表格用于数据分析。

在亚马逊平台搜索关键词后,单击"Unicorn Smasher"插件,就会出现与产品相关的各种数据，卖家可以以 Excel 数据表格的形式下载到本地计算机上进行分析。表格中的数据包括最受欢迎产品的列表（Listing）、每种产品的价格、每种产品的卖家数量、父体 ASIN 下的所有变量。关于价格栏信息，对于有多个卖家（Multiple Sellers）的产品，在 Unicorn Smasher 上看到的价格是目前拥有黄金购物车（Buy Box）的卖家的产品列表（Listing）价格。Unicorn Smasher 的数据分析页面如图 2-13 所示。

Mr. Coffee IDS57-4 C...	Mr. Coffee	13	1	$15.99	Home & ...	892	1,992	$31,852	371	4.3	AMZ
Mr. Coffee Automatic ...	Mr. Coffee	37	1	$35.99	Home & ...	3,196	929	$33,435	2,418	3.5	AMZ
Quiseen One-Touch E...	Quiseen	1	1	$16.95	Home & ...	2,648	1,068	$18,103	1,049	4.5	FBA
Secura Electric Coffee...	Secura	6	1	$18.99	Home & ...	1,864	1,353	$25,693	586	4.4	FBA
Epica Electric Coffee ...	Epica	5	1	$23.50	Home & ...	676	2,217	$52,100	2,919	4.5	FBA
Westinghouse WCG2...	Westingh...	2	1	$22.99	Home & ...	3,549	856	$19,679	17	4.6	AMZ
Cuisinart DCG-20N C...	Cuisinart	40	1	$14.36	Home & ...	1,665	1,450	$20,822	153	4.1	AMZ
Coffee Grinder - Manu...	DuraCasa	1	1	$7.97	Home & ...	2,634	1,072	$8,544	290	3.7	FBA
Gourmia GCG185 Ele...	Gourmia	2	1	$49.99	Home & ...	1,278	1,681	$84,033	148	4.3	FBA
Secura SCG-903B Au...	Secura	8	1	$32.99	Home & ...	888	1,996	$65,848	418	4.1	FBA
Bodum Bistro Electric ...	Bodum	40	1	$24.95	Home & ...	5,335	612	$15,269	253	4	AMZ
Gourmia GCG9315 M...	Gourmia	1	1	$21.99	Home & ...	10,055	345	$7,587	37	2.8	FBA
Bodum Bistro Electric ...	Bodum	14	1	$85.98	Home & ...	1,835	1,366	$117,449	1,778	4	AMZ
12 tbsp Coffee & Spic...	SharkNinja	24	1	$22.77	Home & ...	3,843	804	$18,307	130	4.3	AMZ
Proctor Silex E167CY ...	Proctor S...	10	1	$15.99	Home & ...	10,548	330	$5,277	2,404	4	AMZ
Hamilton Beach 8033...	Hamilton...	5	1	-	Home & ...	39,042	94	$0	408	4.2	-
Premium Manual Coff...	Culinary ...	1	1	$21.99	Home & ...	698	2,192	$48,202	222	4.8	FBA

图 2-13　Unicorn Smasher 的数据分析页面

（2）发货信息。

在数据表格的最后一列，显示由谁发货（亚马逊发货或卖家自发货），“FBA”表示该产品是由亚马逊直接发货的，如图 2-14 所示。

Product	Brand	Sellers	Variations	Price	Category	Rank	Est. Sales	Est. Revenue	Reviews	Rating	FBA
ORBLUE Propresser S...	Orblue	1	1	$14.97	Kitchen &...	1,751	693	$10,374	2,488	4.7	FBA
DCOU Stainless Steel ...	dcou	1	1	$8.50	Kitchen &...	7,182	212	$1,802	110	4.4	FBA
ORBLUE Propresser S...	Orblue	1	1	$14.97	Kitchen &...	1,751	693	$10,374	2,488	4.7	FBA
OXO SteeL Garlic Press	OXO	11	1	$16.99	Kitchen &...	5,256	251	$4,264	722	4.5	AMZ
Hausgard - PrēsPrēs s...	Hausgard	1	1	$13.47	Kitchen &...	172,654	159	$2,142	13	4.4	FBA
Stainless Steel Garlic ...	AmazeFan	1	1	$14.86	Kitchen &...	180,401	159	$2,363	34	5	FBA
Kuhn Rikon Epicurean...	Kuhn Rikon	1	1	$37.95	Amazon ...	542	-	-	1,880	3.9	AMZ
Kebley High-End Stain...	Kebley	2	1	$10.95	Kitchen &...	1,141	1,091	$11,946	651	4.5	FBA
Alpha Grillers Garlic Pr...	Alpha Gri...	1	1	$14.97	Kitchen &...	468	2,101	$31,452	2,054	4.7	FBA
Rösle Stainless Steel ...	Rosle	13	1	$48.95	Kitchen &...	8,892	196	$9,594	299	4.8	FBA
		3	1	$17.90	Kitchen ...	35,299	395	$6,018	686	4.4	

图 2-14　发货信息页面

（3）销售预测功能。

销售（Sales）预测功能是用 Unicorn Smasher 进行数据分析的重要功能。销售预测是基于畅销数据排行（Best Seller Rank Data）和 Unicorn Smasher 自己的历史销售数据综合形成的。具体算法是根据与价格相关的一系列 Amazon 数据计算得出的加权数据，然后乘以估算的销售净值。销售预测页面如图 2-15 所示。

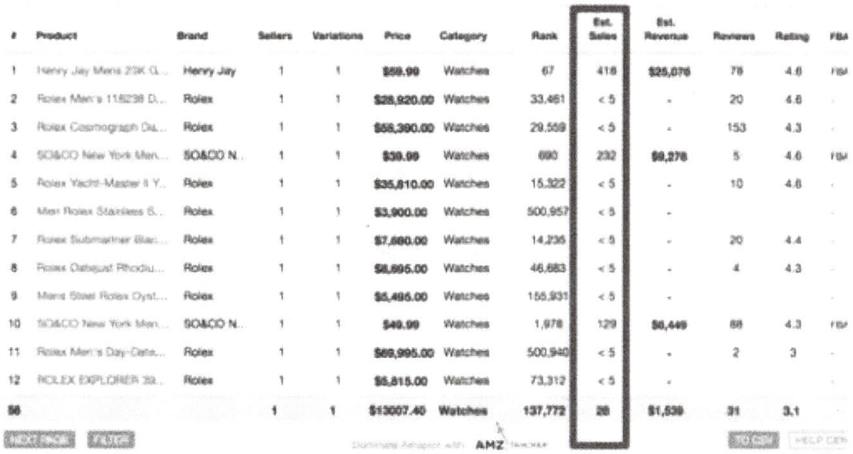

#	Product	Brand	Sellers	Variations	Price	Category	Rank	Est. Sales	Est. Revenue	Reviews	Rating	FBA
1	Henry Jay Mens 23K G...	Henry Jay	1	1	$59.99	Watches	67	418	$25,076	78	4.8	FBA
2	Rolex Men's 118238 D...	Rolex	1	1	$28,920.00	Watches	33,461	< 5	-	20	4.8	-
3	Rolex Cosmograph Da...	Rolex	1	1	$58,390.00	Watches	29,569	< 5	-	153	4.3	-
4	SO&CO New York Men...	SO&CO N...	1	1	$39.99	Watches	690	232	$9,278	5	4.6	FBA
5	Rolex Yacht-Master II Y...	Rolex	1	1	$35,810.00	Watches	15,322	< 5	-	10	4.8	-
6	Men Rolex Stainless S...	Rolex	1	1	$3,900.00	Watches	500,957	< 5	-			-
7	Rolex Submariner Blac...	Rolex	1	1	$7,680.00	Watches	14,236	< 5	-	20	4.4	-
8	Rolex Datejust Rhodiu...	Rolex	1	1	$8,695.00	Watches	46,683	< 5	-	4	4.3	-
9	Mens Steel Rolex Oyst...	Rolex	1	1	$5,495.00	Watches	156,931	< 5	-			-
10	SO&CO New York Men...	SO&CO N...	1	1	$49.99	Watches	1,978	129	$6,449	68	4.3	FBA
11	Rolex Men's Day-Date...	Rolex	1	1	$69,995.00	Watches	500,940	< 5	-	2	3	-
12	ROLEX EXPLORER 39...	Rolex	1	1	$5,815.00	Watches	73,312	< 5	-			-
56			1	1	$13007.40	Watches	137,772	28	$1,539	31	3.1	

图 2-15　销售预测页面

（4）数据导出。

例如，当搜索完退回的产品数量和上架产品的常见品类（Category）之后，如果想稍后再次查看此信息，就可以将其保存在 Dashboard（仪表盘）中。Dashboard 会关联所有已保存的搜索，还可以将其以 .csv 文件格式或 Shareable 图像文件格式导出。在表格的底部，以灰色底纹突显出的是每个字段的平均值。数据导出页面如图 2-16 所示。

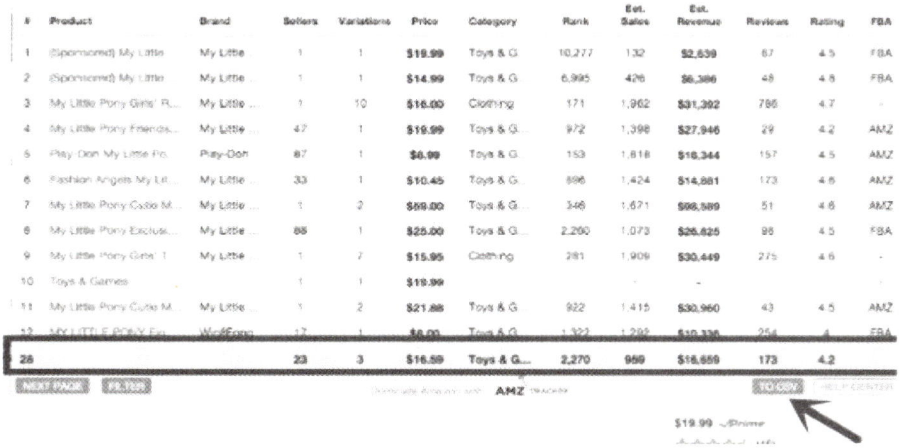

#	Product	Brand	Sellers	Variations	Price	Category	Rank	Est. Sales	Est. Revenue	Reviews	Rating	FBA
1	(Sponsored) My Little	My Little ...	1	1	$19.99	Toys & G...	10,277	132	$2,639	67	4.5	FBA
2	(Sponsored) My Little	My Little ...	1	1	$14.99	Toys & G...	6,995	426	$6,386	48	4.8	FBA
3	My Little Pony Girls' R...	My Little ...	1	10	$16.00	Clothing	171	1,962	$31,392	786	4.7	-
4	My Little Pony Friends...	My Little ...	47	1	$19.99	Toys & G...	972	1,398	$27,946	29	4.2	AMZ
5	Play-Doh My Little Po...	Play-Doh	87	1	$8.99	Toys & G...	153	1,818	$16,344	157	4.5	AMZ
6	Fashion Angels My Lit...	My Little ...	33	1	$10.45	Toys & G...	896	1,424	$14,881	173	4.6	AMZ
7	My Little Pony Cutie M...	My Little ...	1	2	$59.00	Toys & G...	346	1,671	$98,589	51	4.6	AMZ
8	My Little Pony Exclusi...	My Little ...	86	1	$25.00	Toys & G...	2,260	1,073	$26,825	96	4.5	FBA
9	My Little Pony Girls' 1	My Little ...	1	7	$15.95	Clothing	281	1,909	$30,449	275	4.6	-
10	Toys & Games		1	1	$19.99			-	-			-
11	My Little Pony Cutie M...	My Little ...	1	2	$21.88	Toys & G...	922	1,415	$30,960	43	4.5	AMZ
12	MY LITTLE PONY Ex...	WolfFang	17	1	$8.00	Toys & G...	1,322	1,292	$10,336	254	4	FBA
26			23	3	$16.59	Toys & G...	2,270	959	$16,659	173	4.2	

图 2-16　数据导出页面

3. 支持平台

支持平台：Amazon（美国、英国）。

子任务 2.6　选品工具之米库

1. 米库概述

米库是中国领先的跨境电商数据分析服务提供商，是一个专注提供跨境电商大数据服务的平台（目前主要支持 Amazon 平台和 Wish 平台）。它能够帮助跨境电商卖家通过大数据进行高效选品，通过对数据和运营的支持提升销量，从而更快、更高效地抢占全球市场。

米库是一个不错的平台，卖家可以通过米库里的各种功能（如用户调研、热门产品）进行选品。产品类目包括户外、服装、母婴、家居和美妆类。作为 Amazon 平台和 Wish 平台的选品工具，它的单个账号在同一时间段内只支持在一个浏览器中登录，如果同时在两个浏览器中登录，则先登录的那个账号会被迫下线。

米库首页如图 2-17 所示。

图 2-17 米库首页

2. 功能介绍

（1）A9（绝密 ASIN 数据）。

该功能可以从多个维度得出总体分析报告，包括核心搜索关键词、单击关键词、加购物车关键词、产生购买的关键词、各关键词的搜索类目占比、历史销量数据（搜索端）等。

（2）A9 关键词分析。

米库每周更新 Amazon 内部 TOP20000 的关键词数据，用户可以查询关键词真实搜索量、点击量、销量，以及历史销售趋势等。在搜索框输入核心关键词后，能立即得到超出想象的关联关键词，能帮助卖家实现精准选词。

（3）CPC 关键词投放。

输入产品的 ASIN，10 分钟可以获取此 ASIN 的相关数据，获取高权重、高流量的广泛匹配词和精准匹配词，从而帮助卖家制定关键词优化和广告投放策略。

（4）GK 工具。

该工具可以查找爆款产品 ASIN 排名靠前的关键词，帮助卖家轻松获取竞争对手爆款产品的搜索流量入口和海量长尾关键词。GK 查询出来的关键词也是 CPC 广告词、蓝海词的重要来源。

（5）SK 工具。

该工具可以分析重要的流量入口、买家打包购买的习惯，从而确定产品 ASIN，帮助卖家轻松找到关联产品，以及关联产品排名比较靠前的关键词。

（6）ST 工具。

该工具的主要功能是查询产品后台 Search Terms 的设置。

（7）关键词挖掘 KM。

该功能通过扩展指定词汇的买家热搜关键词，再配合强大的关键词词频统计和聚合器，挖掘与当前查询关键词最相近的热搜词作为后备词。

（8）聚合工具。

该工具的主要功能是去除重复关键词。

子任务 2.7　选品工具之卖家网

1. 卖家网概述

卖家网是一个专注于 eBay、Wish、Shopee 等平台的跨境电商大数据分析工具及选品运营辅助工具。安装后访问 Wish 网站时，可以看到全站概况、行业统计、店铺统计、产品统计和标签统计等功能。它具有一键查询、方便快捷的特点，帮助用户进行选品、打造爆款。卖家网首页如图 2-18 所示。

图 2-18　卖家网首页

2. 功能特点

卖家网现在已覆盖 eBay、Wish、Shopee 等平台的数据。下面以 eBay 和 Wish 这两个平台为例进行说明。

（1）行业统计。

eBay 平台：能统计行业整体市场行情，行业属性分布成交，行业热销店铺/产品，上架/成交时间分布等信息，实时掌握市场行情，了解行业走势。

Wish：能够分析行业规模、销售趋势，从而更好地把握行业走势，发掘潜力类目。

（2）产品统计。

eBay：能够统计产品热销榜、产品飙升榜、新品热销排行榜，实时掌握竞品销售趋势、产品 SKU 信息等。

Wish：统计产品销售趋势、热销 SKU 信息、刊登时间，了解产品并调整产品布局，学习如何填写热卖产品的标签。

（3）产品导出。

eBay：可以一键导出和批量导出产品信息，支持马帮、数据酋长等多种数据导出格式。

Wish：支持导出店小秘、芒果店长、Wish 等多种数据格式。

（4）卖家统计。

eBay：统计全网热销卖家，实时监控卖家概况、产品上架和成交时间，统计卖家热销产品列表和卖家滞销产品列表。

Wish：能追踪店铺销售数据，查看热卖店铺刊登产品和产品调整策略，同时也能追踪店铺热卖和海外仓产品，支持多维度对比产品和店铺信息，找出竞品之间的差别。

（5）优化标题。

eBay：卖家输入标题关键词，可以查看热销产品刊登的常用关键词，帮助卖家快速建立优质标题，获取免费流量。

Wish：能一键获取爆款产品的标签、关联标签推荐和进行标签热度分析。

3. Wish 特有功能介绍

（1）仿品检测。既可以检测平台上的哪些词是敏感词，也能用 AI 对图片进行识别，智能过滤违规产品，降低仿品风险。

（2）Wish 插件。在浏览器上安装卖家网插件后，卖家进入 Wish 页面浏览产品时，可以直接查看产品的相关数据，包括全站整体情况、全站销售趋势、爆款列表等信息。

4. 卖家网关键词工具的使用

（1）热搜关键词的使用方法。

① 登录卖家网，单击"全球热搜关键词"按钮，进入关键词工具页面。

② 添加比较项，可以验证消费者使用关键词的次数。如"高腰"有两种表示方式，"high waisted"和"high waist"，卖家可以用关键词工具验证消费者使用哪个关键词的次数更多。关键词比较页面如图 2-19 所示，从图中可以看出，在 Wish 平台中"high waist"的按热搜时间趋势远远高于"high waisted"，因此，建议选择"high waist"作为关键词。

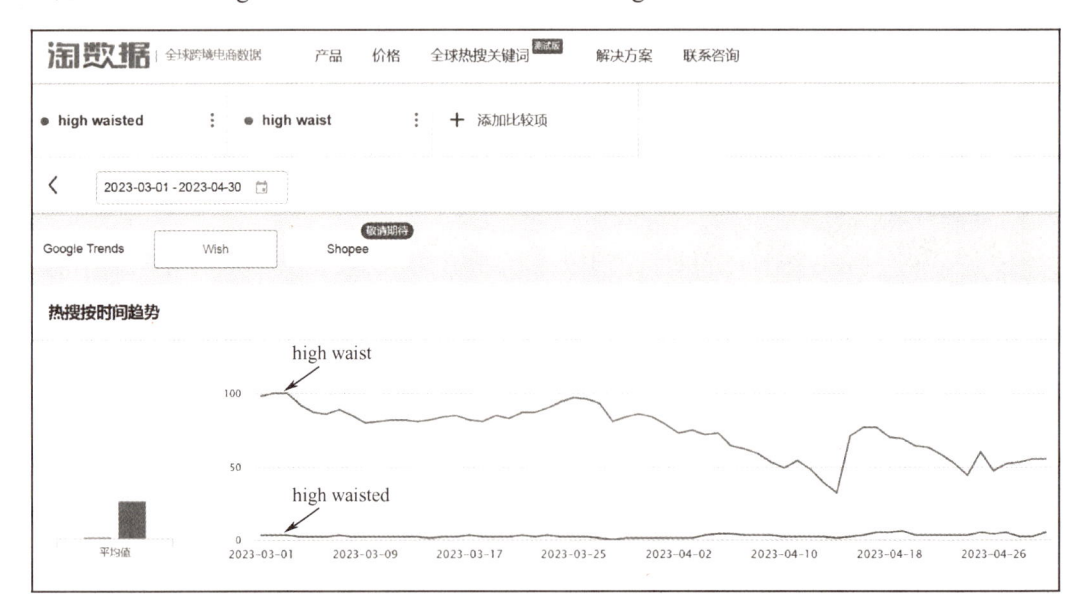

图 2-19 关键词比较页面

③ 添加更多的关键词进行比较，如添加"loose""drawstring shorts"等。将"high waist"与其他词进行对比，发现"loose"的热搜频率也比较高，因此也可以选用。而热度很小的"drawstring shorts"则不建议选择。关键词比较页面如图 2-20 所示。

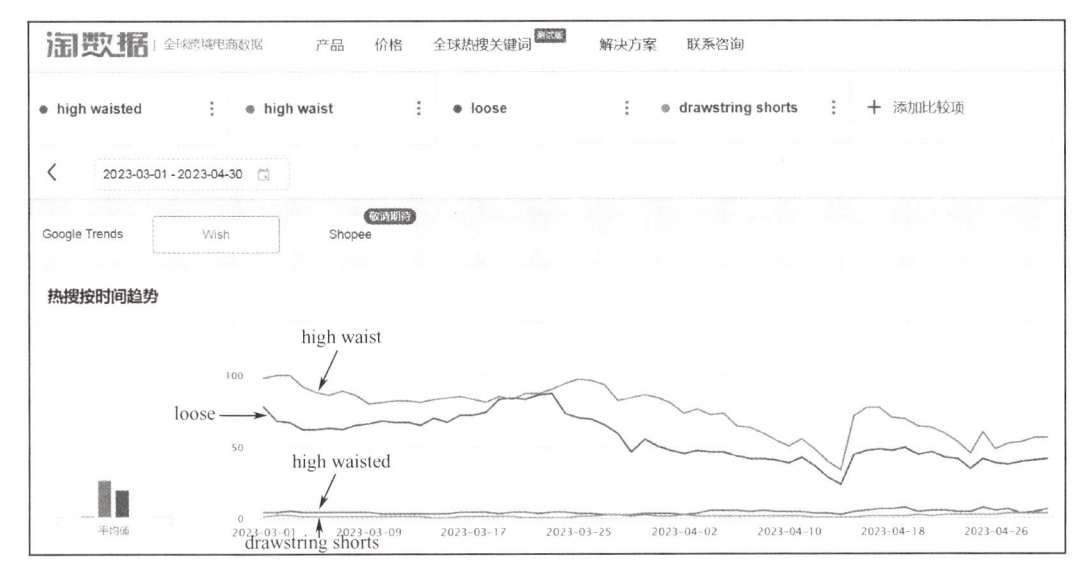

图 2-20 关键词比较页面

除查看关键词的整体热度以外，还可以细分查看关键词在不同国家的具体热度，根据不同国家的主要销售情况投放更加精准的关键词。

（2）选关键词的步骤。

① 根据产品选出主体关键词，一般是大词。

② 根据主体关键词，找到一些主要流量关键词，也可以参考卖家网 Wish 数据的 PB 关键词工具，查看同行都会使用哪些主要流量关键词。

③ 借助关键词工具选出搜索热度高的关键词，再根据产品特性筛选出可以提供转化的有流量的关键词。

（3）关键词设置的技巧。

① 不建议使用长词，国外消费者没有输入长词的习惯。

② 关键词可以是多个单词构成的词组，也可以是单个的产品名称词。词组之间是否添加空格，要视消费者的输入习惯而定。而从系统的角度看，加了空格的词组和未加空格的词组是两个不同的关键词。

③ 描述产品用途、用户群体的关键词比较常用。

④ 含有节日的关键词（如 Christmas light 圣诞灯）、含有季节的关键词（如 Summer 夏季）等也比较常用。

子任务 2.8　选品工具之海鹰数据

1. 海鹰数据概述

海鹰数据是一款数据分析工具，目前主要为 Amazon、Wish、eBay 三大跨境电商平台上的卖家提供大数据选品、数据监控等数据分析服务。

海鹰数据在跨境电商卖家中口碑不错，主要有两个原因：一是所有功能全部免费；二是几乎所有操作在不登录的情况下都可以使用。这两大优点非常吸引跨境电商卖家。

2. Wish 平台选品功能介绍

与 Amazon、eBay 平台相比，海鹰数据抓取的 Wish 平台数据更加全面、细化和具体，因此，它深受 Wish 平台卖家欢迎。下面将从商品分析、店铺分析两个维度对其功能进行介绍。

（1）商品分析。

商品分析栏目下分为 9 个模块，即商品搜索、热销商品、商品飙升、热销新品、飙升新品、海外仓热销商品、海外仓飙升商品、海外仓热销新品、海外仓飙升新品。在这 9 个模块下，还可以分别查看对应类别的细分数据。比如，在热销商品模块下，Wish 卖家可以设置下面这些参数，进而精确搜索自己需要的数据：

- 商品总价范围。
- 商品上架时间。
- 总销售数（前 7 天销售件数、前 8～14 天销售件数）。
- Viewing Now 均值。
- 前 30 天新增评论数。
- 商品是否有 PB。
- 商品是否为海外仓商品。
- 商品是否为 Wish 认证商品。
- 类目筛选。
- 评分。

那么，海鹰数据具体怎么操作呢？下面以 Wish 热销商品模块为例进行说明。

打开海鹰数据页面，执行"商品分析"→"热销商品"命令，打开"热销商品"搜索页面，按页面提示设置相关参数，如图 2-21 所示，设置完成后单击"搜索"按钮。

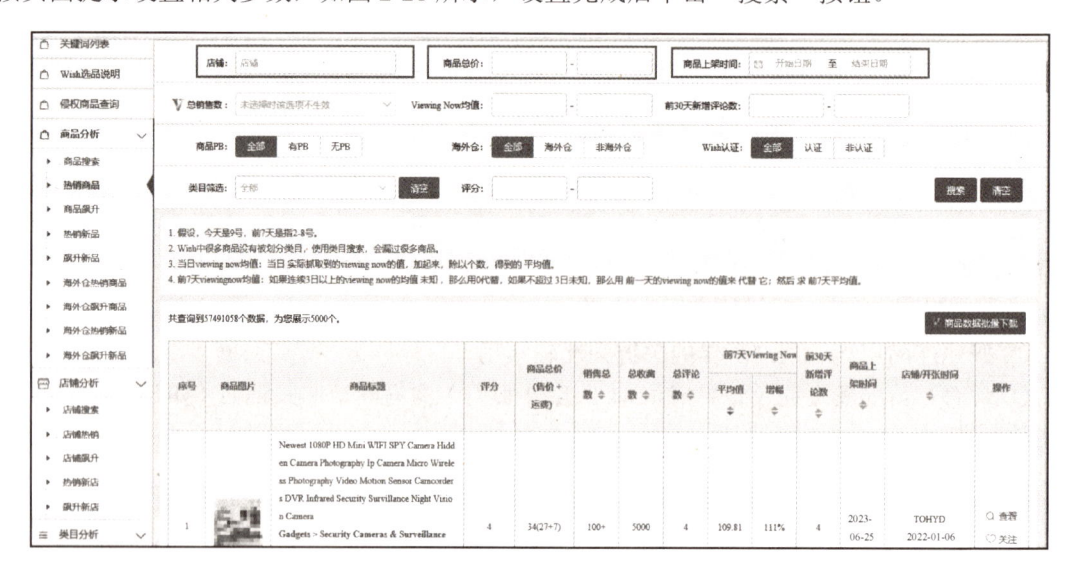

图 2-21 "热销商品"搜索页面

如图 2-22 所示为某款商品的搜索结果。Wish 卖家可以很直观地分析在某个时间段有哪些卖家上架了这类商品，以及商品评分、商品总价（售价＋运费）、销售总数等信息，还可以了解这段时间该商品的销量趋势。海鹰数据还支持在线查看商品链接、关注商品和批量下载商品数据。

图 2-22　海鹰数据商品搜索结果页面

下载商品数据时，用户既可以选择下载类型（店小秘模式、芒果店长模式），还可以选择导出标签（Wish 优化标签、卖家自填标签），如图 2-23 所示。

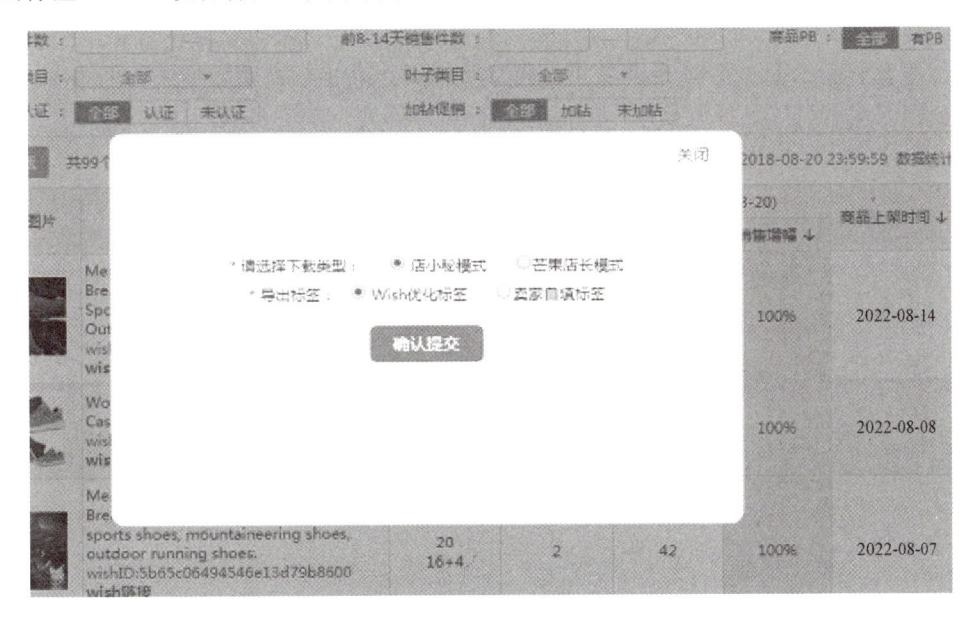

图 2-23　下载商品数据设置页面

除热销商品以外，热销新品和飙升新品同样是两个重要的数据，Wish 平台卖家可以在这里直接查看最近热销的商品有哪些，以及对应的商品价格、销量、收藏量、评论数、商品上架时间等。"热销新品"搜索页面如图 2-24 所示。

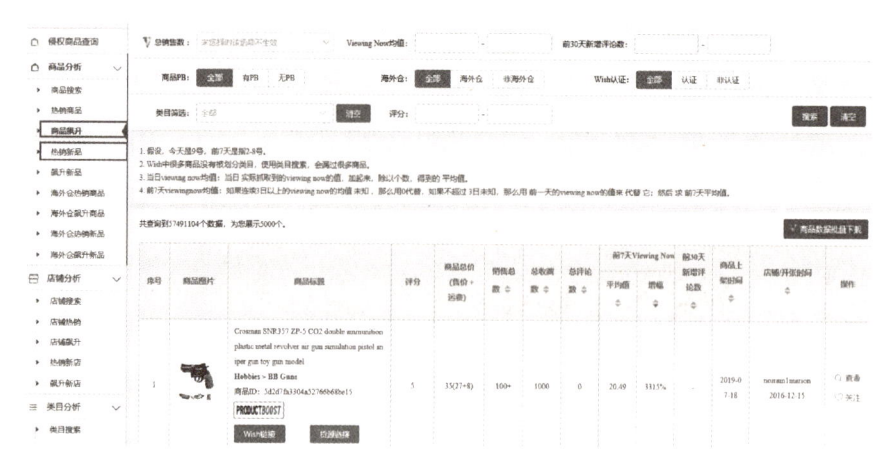

图 2-24 "热销新品"搜索页面

（2）店铺分析。

店铺分析主要包含店铺搜索、店铺热销、店铺飙升、热销新店、飙升新店 5 个模块。例如，打开店铺搜索页面，可以从下面这些角度分析店铺数据：
- 商品总数。
- 爆品总数。
- 店铺爆品率。
- 新品的爆款数量。
- 新品的爆款率。
- 前 7 天销售情况（销售件数、销售金额、销售增幅）。
- 店铺开张时间。

店铺搜索页面如图 2-25 所示。从店铺搜索页面可以看出，海鹰数据统计的 Wish 店铺数据比较全面，卖家可以选择爆款率高的店铺进行重点研究，参考目标店铺的信息，优化自己店铺商品图片、文字描述，分析自己商品的定价是否有竞争力，等等。

图 2-25 店铺搜索页面

3. Amazon 平台选品功能介绍

对于 Amazon 平台的商品，可以通过海鹰数据提供的商品分析、数据监控和类目分析 3 个维度进行分析。目前，商品分析模块只开发了商品搜索功能，Amazon 数据商品搜索页面如图 2-26 所示。商品搜索可以从以下多个维度查询关键数据：

- 查询站点：美国、英国、德国。
- 商品标题（多个搜索词，空格相隔）。
- 父类 ASIN/变体 ASIN。
- 品牌。
- 店铺。
- 大类现排名。
- ……

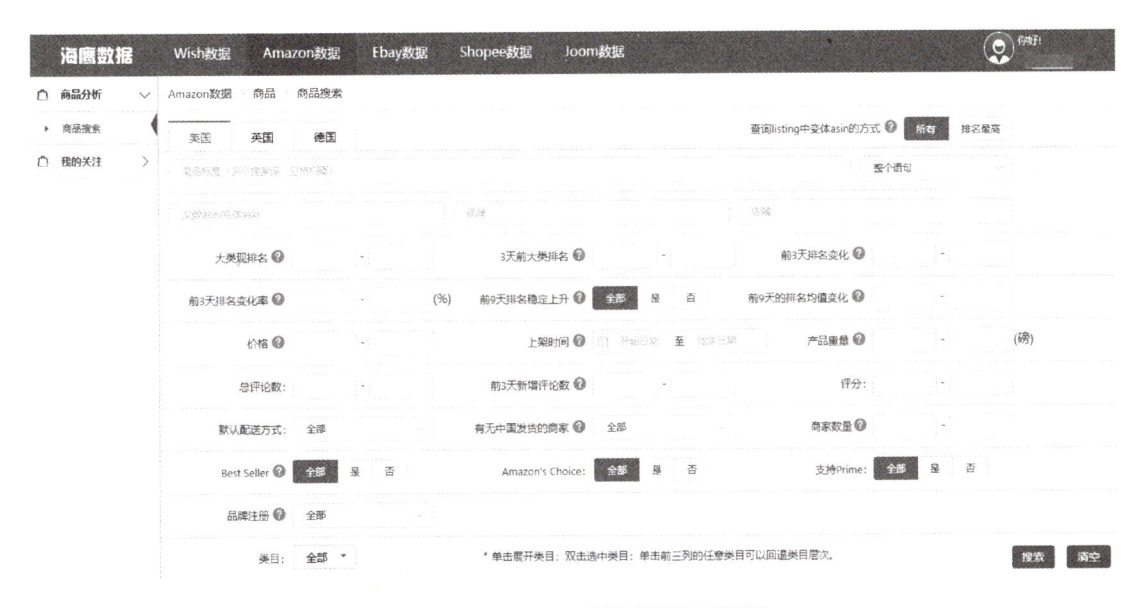

图 2-26　Amazon 数据商品搜索页面

数据监控是海鹰数据针对 Amazon 平台新推出的一项功能，主要监控商品排名、商品关键词和商品跟卖等数据。不过，这项功能目前只针对注册用户开放。

通过海鹰数据查询 Amazon 数据，需要注意以下事项：

（1）抓取范围。美国站 Clothing Shoes & Jewelry 类目下的前 4 万种商品；其他站点类目下的前 2 万种商品。

（2）特殊商品。不抓取在枝节类目中的商品和没有一级排名的商品数据，只抓取在叶子类目中有一级类目排名的商品。

（3）抓取效果。每个一级大类的抓取范围内的变体 ASIN，抓取成功率为 80%～95%（抓取频率：大约 2 天 1 轮）。

（4）异常处理。如果某天实际抓取多次，就以最新值为准；如果当天没有抓取，就沿用上一次的实际抓取值。

（5）商品搜索。只能查询和展示前 7 天内实际抓取的变体 ASIN 数据（例如，假设今天是某个月份 27 日，只能抓取前 7 天，即 20 日、21 日、22 日、23 日、24 日、25 日、26 日的数据)。

(6) 文本搜索。不区分大小写。

(7) 搜索匹配。标题搜索，部分匹配；ASIN 搜索，完全匹配；品牌搜索，完全匹配；店铺搜索，完全匹配。

(8) 添加 ASIN。如果 ASIN 未被记录，直接使用该 ASIN 进行搜索，系统会自动记录该 ASIN，2 天内会出现该 ASIN 的数据；如果该 ASIN 的一级类目排名排到 5 万名以后，则自动放弃，不再抓取记录。

(9) Amazon 美国站有 50% 的 ASIN 没有上架时间，因此建议不要使用该功能。

子任务 2.9　选品工具之卖家精灵

1. 卖家精灵概述

卖家精灵是一款为 Amazon 卖家提供关键词监控、产品监控、差评监控，以及关键词真实搜索量和真实销量查询的一站式工具，可以说是一款"大数据选品专家"。"卖家精灵——关键词挖掘"页面如图 2-27 所示。

图 2-27　"卖家精灵——关键词挖掘"页面

2. 主要功能

(1) 关键词精灵。

① 关键词挖掘。推荐最有价值的 Amazon 产品相关关键词，为 Listing 优化、CPC 广告关键词提供精准关键词。卖家精灵关键词挖掘列表如图 2-28 所示。

任务 2　第三方选品工具

图 2-28　卖家精灵关键词挖掘列表

② 关键词选品。卖家可以基于用户的搜索关键词来发现利基市场。一个关键词对应一个细分市场，卖家可以基于"商品类目＋搜索量＋搜索增长率"来浏览关键词（类目）飙升榜。关键词选品页面如图 2-29 所示。

图 2-29　关键词选品页面

③ 关键词反查。关键词反查包括以下功能：
- 可以反查竞品的真实流量词，即用户通过哪些关键词搜索、点击、购买了该产品；
- 通过竞品的真实流量词，优化 Listing 关键词，提升产品的自然搜索流量；
- 根据竞品真实流量词，优化 CPC 广告关键词，帮助卖家更精准地投放与提升广告绩效；
- 杜绝关键词调研盲点，对于 Amazon 卖家来说，有些可能永远都想不到的某些产品的另类关键词，卖家精灵可以帮助卖家挖掘出来。

（2）选品精灵。

① 查竞品。这是基于子类目、关键词、品牌、卖家查询竞品的历史销量，卖家由此还可以查询对手最近两年的销量走势。查竞品页面如图 2-30 所示。

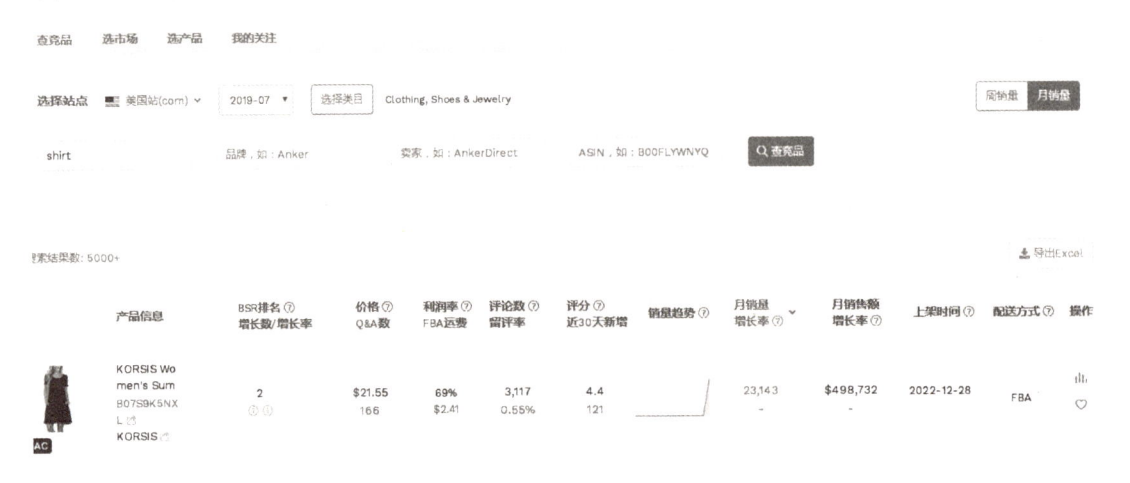

图 2-30　查竞品页面

② 选市场。从 Amazon 每个站点 2 万多的产品细分类目中，基于市场容量、市场趋势、竞争度、行业波动性等维度，帮助卖家选出潜力市场。选市场页面如图 2-31 所示。

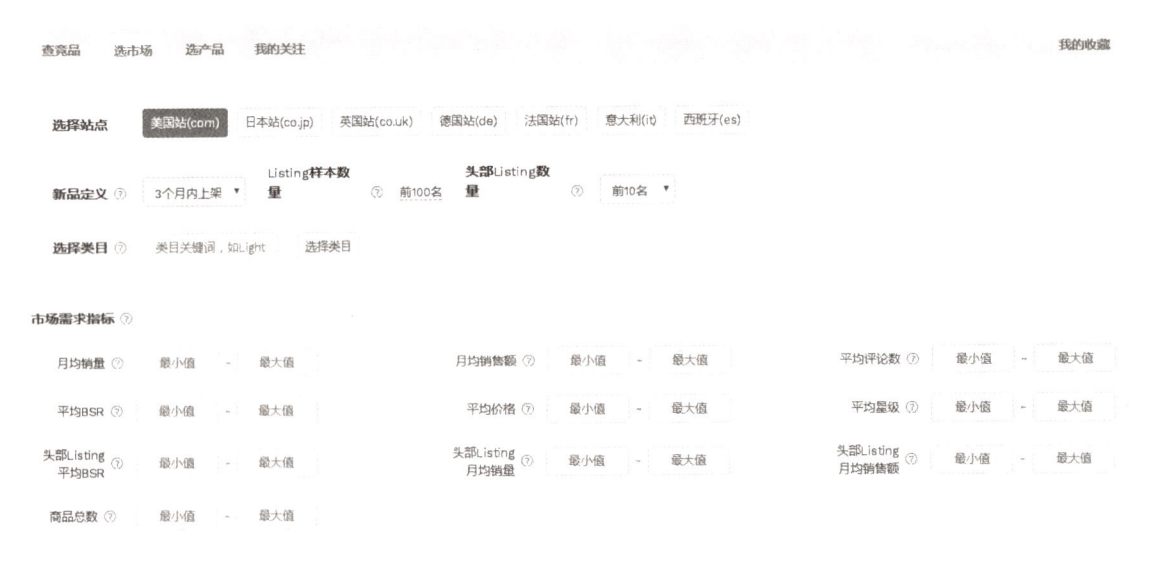

图 2-31　选市场页面

③选产品。基于销量增长率、评论增长数等诸多创新性选品条件，帮卖家选出潜力爆款。选产品页面如图2-32所示。

图2-32 选产品页面

（3）监控精灵。

①产品监控。监控主类目产品的热销品排名（BSR）、各子类目的每日排名变化情况，评估精细化推广效果；监控对手产品的BSR、价格、评论数、评分变化，快速查看竞争对手的推广策略。

②关键词监控。监控产品关键词的每日排名变化，精细量化卖家的推广效果；监控对手产品的关键词排名变化，了解竞争对手的一举一动，让竞争对手的推广策略为自己所用。

③ASIN报告。该报告来源于Amazon的A9搜索引擎，是Amazon ARA数据的一种。它具有以下特点：

- 让产品Listing优化、CPC广告优化、竞品分析一步到位；
- 提供按搜索、点击、购买的各关键词列表及产品的转化率；
- 提供Amazon搜索端流量的每日搜索、点击、购买的数量；
- ASIN报告高级版提供该ASIN所有卖家（包括跟卖）的每周销量及销售额。

3. 卖家精灵插件的特点

（1）Keepa插件替代品。

安装好插件后，打开Amazon卖家产品详情页，鼠标指向产品图片下方，等待几秒即可得到该产品的ASIN、价格、BSR、评价（Review）等变化趋势。卖家精灵插件v1.3.0还新增近6个月、近1年等时间跨度查询功能。卖家精灵插件新增功能页面如图2-33所示。

（2）关键词反查。

打开产品详情页，开启插件，等待几秒即可自动查询该产品ASIN的流量词；如果插件暂未识别出ASIN或无查询结果时，可手动输入ASIN码反查流量词。以"B07D6PPW8C"为例，输入该ASIN，单击回车键即可查询结果。关键词反查页面如图2-34所示。

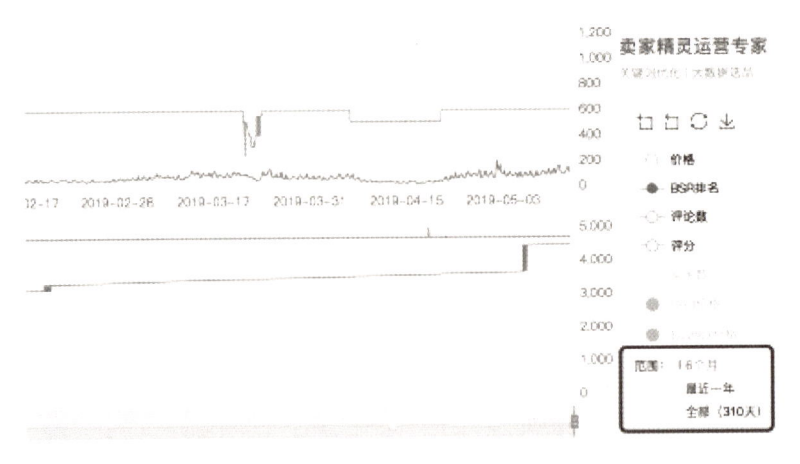

图 2-33 卖家精灵插件新增功能页面

图 2-34 卖家精灵反查页面

(3) 关键词精灵。

插件还支持查询该页面收录的其他 ASIN,只需单击搜索框下拉箭头就会出现所在 Amazon 页面的所有 ASIN,选择其中一个 ASIN 查询即可。关键词精灵页面如图 2-35 所示。

(4) 关键词挖掘。

① 关键词挖掘支持查询关键词的相关关键词。例如,在 Amazon 首页输入 "bath bombs",单击回车键前往搜索结果页,打开卖家精灵插件,等待几秒钟便可得到该关键词的相关关键词。关键词挖掘页面如图 2-36 所示。

② 除在 Amazon 结果页查询以外,卖家也可以在搜索框手动输入需要查询的关键词,如图 2-37 所示。

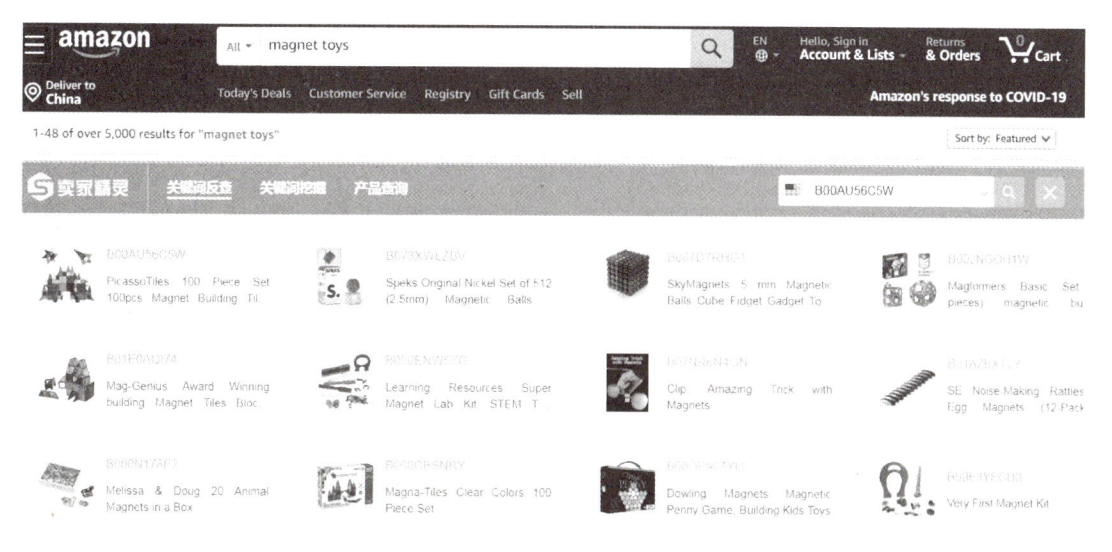

图 2-35　关键词精灵页面

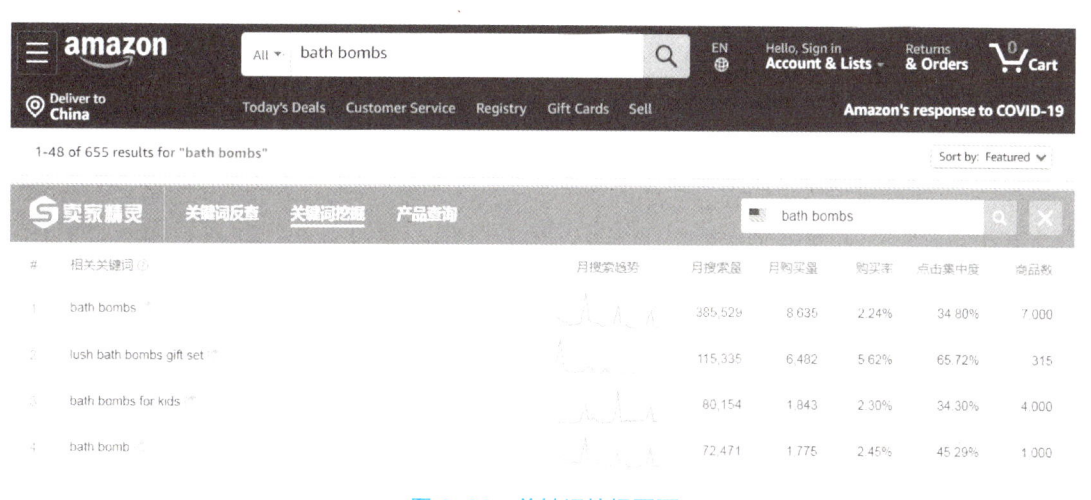

图 2-36　关键词挖掘页面

图 2-37　手动输入关键词页面

（5）销量查询。

打开 Amazon 前端的任意页面，开启卖家精灵插件便会自动查询该页面所有 ASIN 的销量数据。注意：因为有些 ASIN 暂未被系统收录，可能会导致无法查询该 ASIN 相关销量数据的情况。销量查询页面如图 2-38 所示。

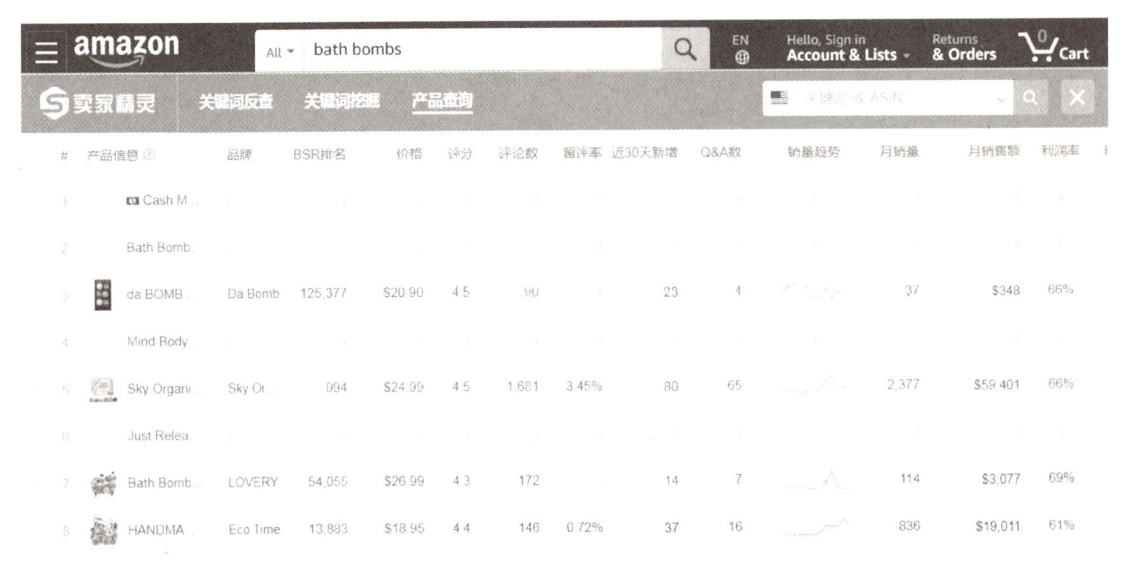

图 2-38　销量查询页面（1）

如果卖家需要快速查询某一个 ASIN 的销量数据，则可直接在输入框输入该商品的 ASIN 查询，如图 2-39 所示。

图 2-39　销量查询页面（2）

子任务 2.10　选品工具之紫鸟数据魔方

1. 紫鸟数据魔方概述

紫鸟数据魔方是一款多功能的 Amazon 卖家数据管理工具，拥有 20 多种选品、关键词、数据查询或监控功能。它能实时掌握一手产品数据，为 Amazon 卖家提供热卖排行、历史销售数据、竞品词分析、关键词挖掘、店铺监控、追踪跟卖和差评等销售大数据综合服务，帮助卖家打造 Amazon 爆款、提升销量。

2. 主要功能

（1）关键词挖掘。

通过 Google 等搜索引擎，挖掘当前热搜关键词。关键词挖掘页面如图 2-40 所示。

图 2-40　关键词挖掘页面

（2）产品分析。

全面分析产品现价、Rank（排名）、评论总数、卖家数和预估销售量（额）/天等核心数据。产品分析页面如图 2-41 所示。

图 2-41　产品分析页面

（3）热卖排行。实时搜索更新 Amazon 平台热卖、新品热销、排名上升速度快的产品，为卖家选品提供有价值的参考信息。热卖排行页面如图 2-42 所示。

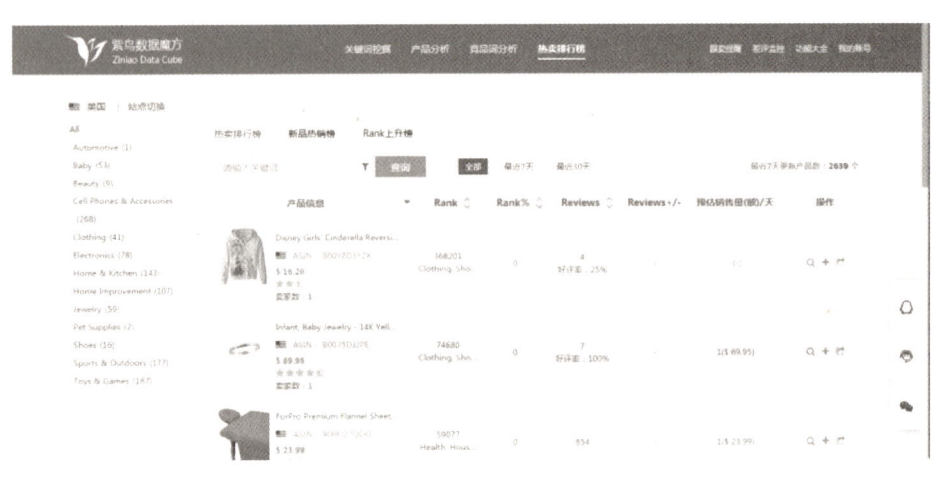

图 2-42　热卖排行页面

（4）紫鸟天眼。

查询卖家产品 ASIN 下的所有 Amazon 关联产品流量，从而优化流量来源，获取更多 Amazon 站内流量。

（5）ST 工具。

直接查询 Amazon 爆款或竞品后台设置的关键词。

（6）GK 工具。

抓取 ASIN 高流量、相匹配的关键词，获取产品曝光来源。

子任务 2.11　选品工具之超级店长

1. 超级店长概述

超级店长为 Amazon、eBay、速卖通、Lazada、Wish、Shopee、Joom、MyMall 等跨境电商平台的卖家提供一站式服务，涵盖了大数据选品、智能产品上架、多平台订单处理及全球仓储管理等多种运营工具。超级店长主页如图 2-43 所示。

图 2-43　超级店长主页

2. 主要功能

（1）数据分析。

支持多个平台的全行业数据检索，全方位产品监控，发掘潜在爆款。通过该功能，客户既可以查看店铺爆款产品、店铺上架时间、卖家上新策略、卖家优化轨迹，也可以直接采集产品信息上架。数据分析页面如图 2-44 所示。

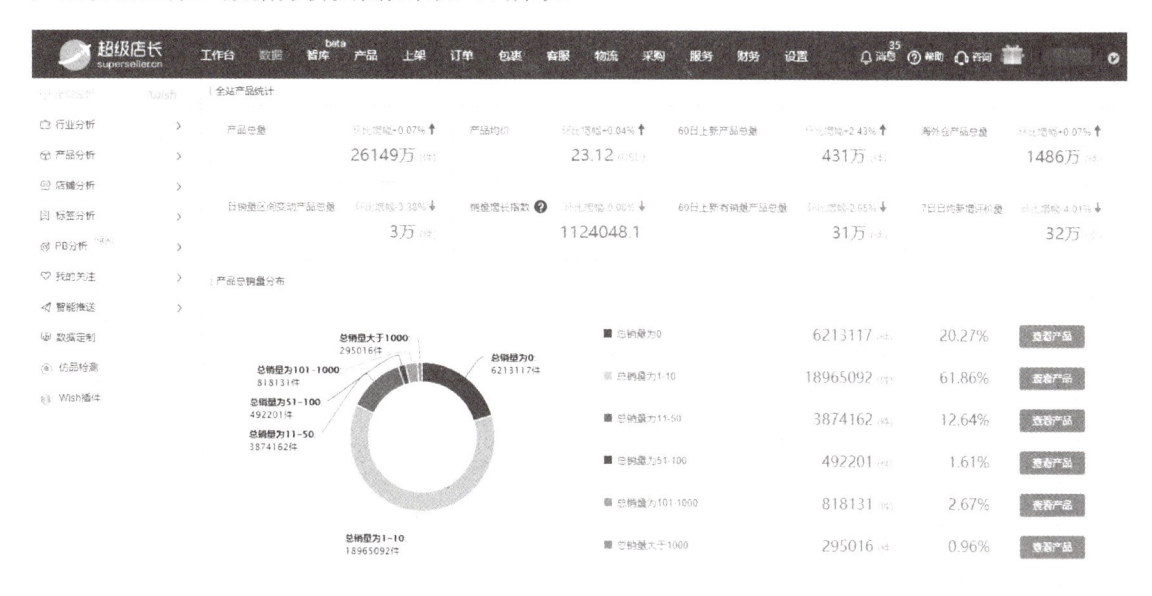

图 2-44　数据分析页面

（2）产品上架管理。

可以跨平台采集产品信息，快速复制产品信息，批量处理产品信息，从而提高效率。

（3）订单包裹管理。

全状态自动同步，一键复制、合并拆分，便捷管理订单。订单包裹管理页面如图 2-45 所示。

图 2-45　订单包裹管理页面

(4) 客服管理。

平台信息一网打尽，消息模板按需创建，售后服务更加有效。

任务总结

本任务着重介绍 11 种选品工具的特点、功能，以及适用平台，该任务知识导图如下。

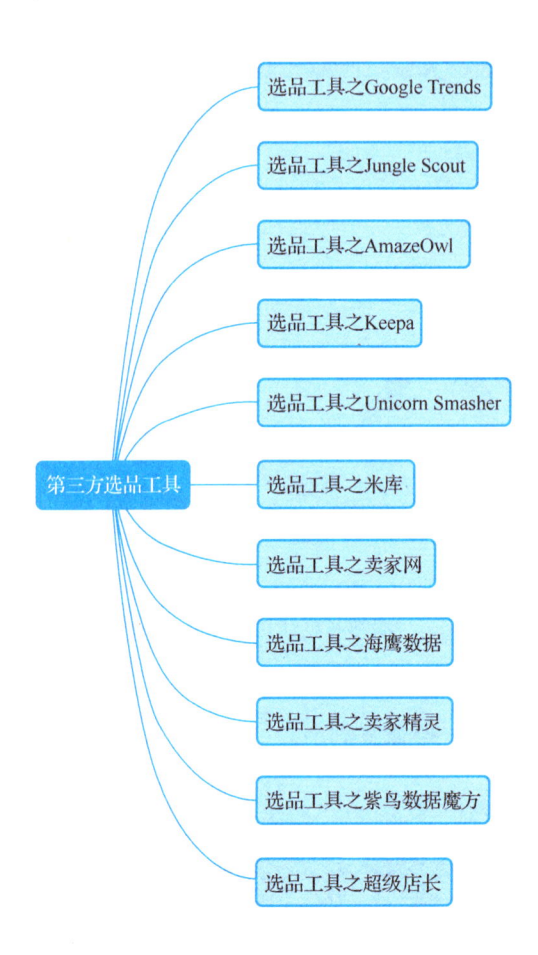

```
                            ┌─ 选品工具之 Google Trends
                            ├─ 选品工具之 Jungle Scout
                            ├─ 选品工具之 AmazeOwl
                            ├─ 选品工具之 Keepa
                            ├─ 选品工具之 Unicorn Smasher
              第三方选品工具 ─┼─ 选品工具之米库
                            ├─ 选品工具之卖家网
                            ├─ 选品工具之海鹰数据
                            ├─ 选品工具之卖家精灵
                            ├─ 选品工具之紫鸟数据魔方
                            └─ 选品工具之超级店长
```

任务拓展

一、任务布置

假设你现在正在经营一家跨境服装店铺，主要产品类目是服饰，现在想借助第三方选品工具帮助服装店选择几款产品上架。请利用第三方选品工具尝试分析服装产品的近期趋势，然后开展市场分析、确定产品长尾关键词、对比竞争对手产品，最终确定服装店上架的 5 款产品。

二、任务步骤

第一步：各小组成员通过学习各种第三方选品工具，获取市场、产品、竞争对手等数据，讨论不同途径获取数据的优劣势及准确性，并完成下面表格的填写。

任务 2　第三方选品工具

第三方选品工具优劣势分析

小组名称：

选 品 工 具	优劣势分析	
Google Trends	优势：	
	劣势：	
Jungle Scout	优势：	
	劣势：	
AmazeOwl	优势：	
	劣势：	
Keepa	优势：	
	劣势：	
Unicorn Smasher	优势：	
	劣势：	
米库	优势：	
	劣势：	
卖家网	优势：	
	劣势：	
海鹰数据	优势：	
	劣势：	
卖家精灵	优势：	
	劣势：	
紫鸟数据魔方	优势：	
	劣势：	
超级店长	优势：	
	劣势：	
讨论结果及分析：		

第二步：通过分析第三方选品工具的优劣势，选择一款适合分析产品趋势的工具，尝试分析跨境服装店铺产品的近期趋势，各小组成员充分讨论后完成下面表格的填写。

运用趋势工具选品

小组名称：

产品趋势分析步骤	讨论结果及分析
步骤1：	
步骤2：	
步骤3：	

第三步：各小组成员结合选品工具分析结果，筛选分析适合服装店产品的长尾关键词，完成下面表格的填写。

长尾关键词列表

小组名称：

产品名称	长尾关键词		
	关键词1	关键词2	关键词3

第四步：选择一款第三方选品工具进行竞争对手分析，掌握所选产品的竞争对手情况，各小组成员在老师的指导下，完成下面表格的填写。

竞争对手产品分析

小组名称：

产品分析步骤	讨论结果及分析
步骤1：	
步骤2：	
步骤3：	

第五步：各小组成员完成产品选择与分析，通过团队互评的方式给本次任务及操作进行总结和评价，完成下面表格的填写。

总结和评价表

小组名称：

任务总结	知识小结	
	团队收获	
任务评价		

任务实训

一、单选题

1. Google Trends 是 Google 旗下基于搜索数据推出的一款（　　）。
   A．购物平台　　　B．应用商城　　　C．分析工具　　　D．新闻平台
2. 海鹰数据对 Amazon 数据进行监控的抓取频率是（　　）。

A．2 天 1 轮　　　　　B．1 天 1 轮　　　　C．1 小时 1 轮　　　　D．0.5 天 1 轮

3．紫鸟数据魔方商品核心数据是什么？（　　）

A．商品当前价格　　B．成本价　　　　　C．利润值　　　　　D．店铺商品总数

4．超级店长的功能不包括（　　）。

A．数据分析　　　　B．商品上架管理　　C．订单包裹管理　　D．商品价格管理

二、多选题

1．Google Trends 的主要功能有（　　）。

A．关键词研究功能　　　　　　　　　B．查看网站流量
C．色彩强度信息图表　　　　　　　　D．寻找供应商信息

2．在 Jungle Scout 中输入一个关键词，可以查看关键词在 Amazon 的（　　）信息。

A．月搜索量
B．快速提高排名所需的每天促销推广的产品数量
C．PPC 付费推广的建议出价
D．产品价格

3．米库的 A9 多维度总体分析报告主要包含以下哪些维度？（　　）

A．核心搜索关键词　　　　　　　　　B．单击关键词
C．加购物车关键词　　　　　　　　　D．产生购买的关键词

4．海鹰数据从下面（　　）角度分析店铺数据。

A．产品总数　　　　B．爆品总数　　　C．店铺爆品率　　　D．新的爆款数量

5．紫鸟数据魔方包含以下哪些热卖排行榜的数据？（　　）

A．Amazon 平台热卖　　　　　　　　B．新品热销
C．Rank 上升速度快　　　　　　　　　D．评论上升数据

三、判断题

1．米库的单个账号只支持在单台计算机的浏览器登录。（　　）

2．卖家网针对 eBay 的产品导出模板仅支持马帮模板导出。（　　）

3．卖家精灵 ASIN 报告提供 Amazon 搜索端流量的每日搜索量、点击率、购买数量。（　　）

四、思考题

1．用 Google Trends 观察平板电脑（HUAWEI MatePad Pro 10.8 英寸 6GB+128GB 麒麟 990）关键词的搜索趋势，并分析出它的热销长尾关键词。

2．在 Amazon 平台搜索框搜索"visor hat"，利用各种数据分析工具分析这款产品在 Amazon 平台的月搜索情况，并监控竞争对手的销量和定价。

3．通过 AmazeOwl 工具在 Amazon 平台上进行洗发护发产品选品，分析产品的需求情况及潜在利润，对关键词进行监控，搜索当前的畅销品，选择几款具有较高潜力的产品。

任务 3

数据化选品方法

学习目标

【知识目标】
1. 了解常见的数据化选品方法；
2. 掌握多平台比较法、数据抓取法和市场分析法3种数据化选品方法及其利弊。

【能力目标】
1. 能通过多平台比较法跟踪热卖款产品；
2. 能运用数据抓取法对产品进行排名和数据分析；
3. 能通过市场评估和竞品分析产品市场。

【素质目标】
1. 保持不断学习的积极心态，具备自我学习的能力和创造力；
2. 具备数据保密意识，尊重客户隐私，不泄露企业经营数据与商业秘密；
3. 具备对数据进行科学分析与应用的思维和精益求精的职业素养。

任务引入

利用第三方选品工具选品是跨境电商卖家选品方法中的一种，但若想仅靠一种选品方法就选出国外消费者喜欢的服装是不切实际的。通过和同行的交流，以及在网上查找的各种资料，马丽开始利用各种数据选品：首先，对比各跨境电商平台同一产品的销量、浏览量等数据；其次，利用数据抓取及市场数据分析等方法进行选品。下面我们一起来帮助马丽通过对不同数据选品方法的综合比较，完成精准选品工作。

任务实施

子任务 3.1　选品方法之多平台比较法

多平台比较法是一种比较常见、实用的选品方法。例如，Amazon 平台的卖家可以实时关注 Wish、速卖通、eBay 或国外独立站点等其他平台上的产品爆款数据和销量上升的款式，然后根据自己的需求，把具有市场潜力的款式直接放到 Amazon 平台上销售。

以 Amazon 平台为例，假设要在 Amazon 平台上选品，选品方式分为两种：上架别人已经热卖的热卖款和上架别人还处于成长期的潜力款。下面重点论述第一种。

上架别人已经热卖的热卖款又可以分为两类：上架别人正在热卖的款式和上架别人曾经热卖的款式。

3.1.1　上架别人正在热卖的款式

评判正在热卖款的标准就是查看该产品是否占据页面中部的推荐栏。如图 3-1 所示，这些产品占据了页面的推荐栏，说明其为正在热卖的款式。

图 3-1　占据推荐栏的产品

对于这些产品，如果其销量排名比较靠前并且销量较高，那么再去销售与其一模一样的产品是不可取的，而且成功的概率较低。

那么，有没有可能在销量上超过正在热卖产品的方法呢？有，但只有在以下两种情况才有可能实现。

（1）正在热卖的产品符合质量差、后台产品信息设置失误、评分低、FBA 较差、断货等情况。在 Amazon 平台上，无论产品页面设计得多么华丽，只要产品评分低，销量立马锐减。

（2）正在热卖的产品在关键词或标题广告信息设置中遗漏了部分市场。这种情况一般不会出现。如果存在，需要卖家具有很强的分析能力。因为 Amazon 平台的搜索规则是：假设产品标题的所有关键词不包含 A，那么在 A 的搜索结果下是肯定不会出现这个产品信息的，这时候如果专攻 A 的搜索结果和搭配，卖家可以抢到一定市场。但是，这种情况更多是因为其他卖家的运营失误造成的。一般而言，合格的运营者在进行关键词或标题广告信息设置时，会包含 90% 的关键词搭配或组合。

3.1.2 上架别人曾经热卖的款式

如图 3-2 所示为一款女式夹克的产品主图,该夹克的两个卖家的产品销售排名信息如图 3-3 和图 3-4 所示。

图 3-2 产品主图

图 3-3 产品销售排名信息(1)

图 3-4 产品销售排名信息(2)

从产品销售排名信息上可以看出其都是 2022 年上架的。分析这两个产品销售信息及评论,可以看出它们曾经热卖过,但是现在都不再热卖了。

再看如图 3-5 和图 3-6 所示的两个产品的销售排名信息(它们的产品主图与图 3-2 一样,因此可以判定为同一产品)。

```
Shipping Information: View shipping rates and policies
ASIN: B07H5J3D85
Date first listed on Amazon: September 7, 2023
Amazon Best Sellers Rank: #238,584 in Clothing, Shoes & Jewelry (See Top 100 in Clothing, Shoes & Jewelry)
  #111016 in Women's Shops
  #152 in Women's Denim Jackets
Average Customer Review: ★★★★☆  9 customer reviews
If you are a seller for this product, would you like to suggest updates through seller support?
```

图 3-5　产品销售排名信息（3）

```
Shipping Information: View shipping rates and policies
ASIN: B07J692GK3
Date first listed on Amazon: October 9, 2023
Amazon Best Sellers Rank: #696,126 in Clothing, Shoes & Jewelry (See Top 100 in Clothing, Shoes & Jewelry)
  #282 in Women's Plus Coats, Jackets & Vests
  #372 in Women's Denim Jackets
Average Customer Review: ★★★★☆  10 customer reviews
If you are a seller for this product, would you like to suggest updates through seller support?
```

图 3-6　产品销售排名信息（4）

与此同时，还可以看到其在推荐栏的位置分别如图 3-7 和图 3-8 所示。

图 3-7　产品在推荐栏的位置（1）

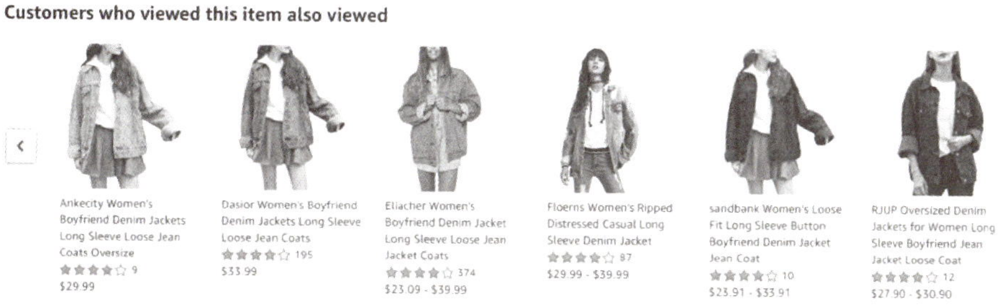

图 3-8　产品在推荐栏的位置（2）

通过分析发现，产品热卖且还处于成长期。虽然售卖产品和原产品一模一样，但我们仍然可以从"上架别人曾经热卖的款式"这里找到突破点。从概率上讲，各种各样的款式中出现一个爆款的概率低于 5%。但是，同时有两家普通店铺上架且销售 1 年前热卖的产品，而且能够获得成功，说明卖家在选品时比较了多个平台的数据并进行了认真分析和判断。

在上架别人曾经热卖的款式时，可以做出如下选品判断：

- 选择近 1 年左右曾经热卖的产品（评论数量较多且有多个卖家在销售该产品）；
- 现在该产品已经不再热卖；
- 该产品在质量和价格上有足够大的优势。

如果以上三个条件同时符合，就可以将其作为卖家的销售对象进行推广与销售。

需要注意的是，该方法有优点，也有缺点。

优点：
- 方法简单，选品方便，可实时操作；
- 平台数据信息显示较直观，销量变化一目了然。

缺点：
- 无法冲击市场空白，选品思路仍属跟卖性质；
- 销量很大概率上不会超过第一个选品该款式的卖家；
- 数据具有较强的滞后性。

子任务 3.2　选品方法之数据抓取法

爆款产品是能在短时间内以一个惊人的速度提高销量和排名的。因此，卖家可以通过这一逻辑来抓取 Amazon 的排名信息，从而获知哪些产品是有潜力的爆款产品。

从事 Amazon 运营的人都知道，产品排名虽然是综合性排名，但是主要还是与订单量的大小有关。如果卖家某一款式产品的订单量快速增加，其排名也会迅速上升。

那么，卖家该如何去找到这些变化的数据呢？

我们知道，在 Amazon 平台上其他卖家某一款式的产品流量与订单量都是不可见的，只有产品排名变化情况能在平台前端获取。当然，我们可以通过爬虫程序来抓取数据，进而获取选品的参考数据。

数据抓取选品流程如下：
- 选取 Amazon 平台上涉及的产品大类。
- 使用爬虫程序抓取该类目前 400 页产品的排名信息。
- 设定数据抓取更新周期，推荐为 4～12 小时。
- 将排名变化数据导入数据分析软件，建立模型，评估该产品是否为爆款。
- 使用产品优化方法对该款准备上架的产品进行系统性优化，争取在其他卖家获得大市场份额前击败竞争对手。

当使用爬虫程序获得 Amazon 各个产品的排名后，卖家就需要根据各个产品的排名进行数据分析，一般而言分为如下几个步骤：
- 确认选品退出机制。
- 剔除排名稳定的热销款。
- 找到潜力款式。
- 实时跟踪潜力款排名并最终确定上架款式。

3.2.1　确认选品退出机制

首先，卖家要根据大量的数据统计分析出"不受欢迎"的款式具有哪些特点，从而建立一个退出机制，及时将排名快速下降的产品剔除。一般而言，产品从销量减少到排名快速下降经历的过程是：销量减少→流量减少→销量最终为 0→排名快速下降。如图 3-9 所示为在 Amazon 平台上随机抽取的 6 个排名快速下降产品的销量排名示意图（横坐标为天数，纵坐标为排名值）。需要说明的是，排名值由小变大，说明其产品销量呈下降趋势。因为在 Amazon 平台，排名数值越小销量越大（如某产品销量排名为 1 000，其销量肯定比排名 5 000 的要高）。

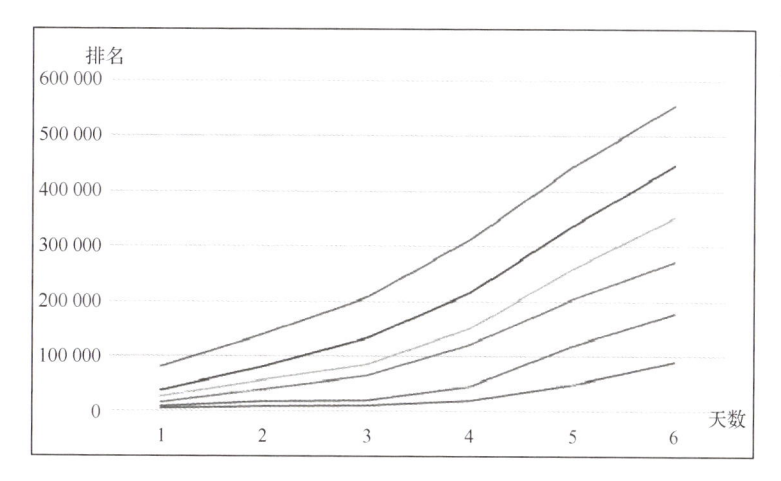

图 3-9 产品销量排名变动示意图

一般而言，当没有订单时，商品的销售排名下降是有一定规律可循的，排名数值会以大约 3 000/天的速度增加。因此，卖家可以建立如下选品退出机制：如果某一产品的排名数值于 x 天（x 可以取 3～30 任意数值；对于竞争性强的类目，x 的取值范围可以适当扩大）内平均每天增长 30 000 左右时，即可判定该产品为"不受欢迎"的产品，不将其考虑在选品范围之内。例如，某产品的销量在 15 天内平均每天的销量排名数值增长 30 000，则可以判定该产品为"不受欢迎"的产品。

3.2.2 剔除排名稳定的热销款

之所以要剔除排名稳定的热销款，是因为当某一产品销量稳定时，其排名也会趋于稳定，Amazon 的 A9 算法会迅速帮助产品找到其对应的潜在顾客，这时再选其作为上架款式，已经错过了最佳上架时间，销量很难超过排名稳定的热销款。

假设卖家在同一时间记录数据（比如连续 10 天于北京时间 7:00～8:00 记录数据），以 Body Stocking 类目为例，通过数据分析可以得到如下数据波动结论：

（1）排名标准差小于 50 000 以下的商品，几乎都能在 A9 算法中找到稳定的搜索位置（即商品下方基本都会有 Customers who bought this item also bought 推荐栏目）。

（2）排名标准差大于 50 000 且小于 100 000 的商品，多数产品 Listing 下方会出现非稳定搜索位置推荐栏位（即大多数 Listing 下方都会有 Customers who viewed this item also viewed 推荐栏目，其出现比例随着排名标准差的增大而增加）。

（3）排名标准差大于 100 000 的商品，几乎不能在 A9 算法中找到稳定搜索位置的 Listing（即 Listing 下方都不会出现 Customers who viewed this item also viewed 推荐栏目）。

根据以上结论，在众多款式中找出那些排名稳定的热销款，然后予以剔除。

小知识：在概率统计中，标准差经常用作统计数据分布程度上的测量，它能反映一个数据集的离散程度。其计算公式如下：

$$\sigma = \sqrt{\frac{1}{N}\sum_{i=1}^{N}(X_i - \mu)^2}$$

公式中的 X_i 表示各种数据，μ 表示的是算术平均值，σ 表示方差。

3.2.3 找到潜力款

有两种方法能够快速找到潜力款。

一是排名上升类商品，即排名数值呈现快速下降趋势。潜力款排名波动趋势如图 3-10 所示。

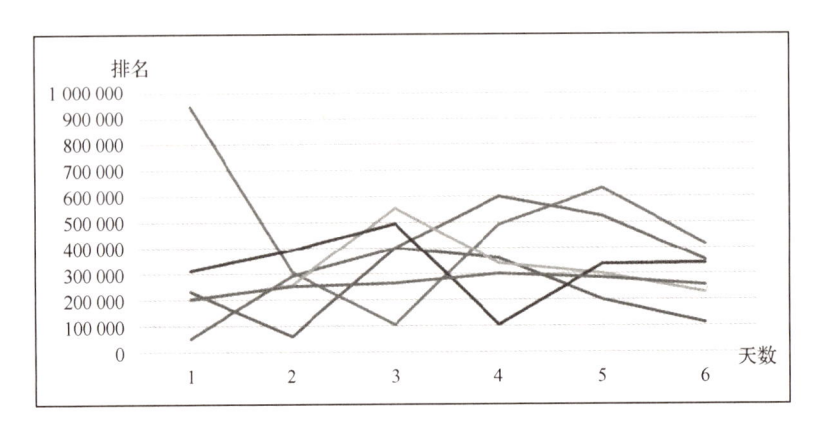

图 3-10 潜力款排名波动趋势

二是非稳定排名的商品，即选择那些排名表现较好但排名标准差数值较高的商品。这类产品排名大幅度波动表明，其没有在 A9 搜索栏中找到其适合的搜索位置。一方面可能是这些商品所在的卖家的运营水平不足所致；另一方面也代表 A9 算法还未对产品本身的潜力顾客进行精准定位，仍有机会存在。非稳定产品排名波动趋势如图 3-11 和图 3-12 所示。

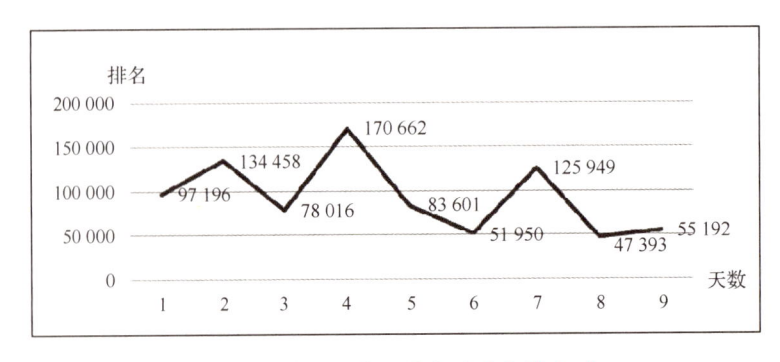

图 3-11 非稳定产品排名波动趋势（1）

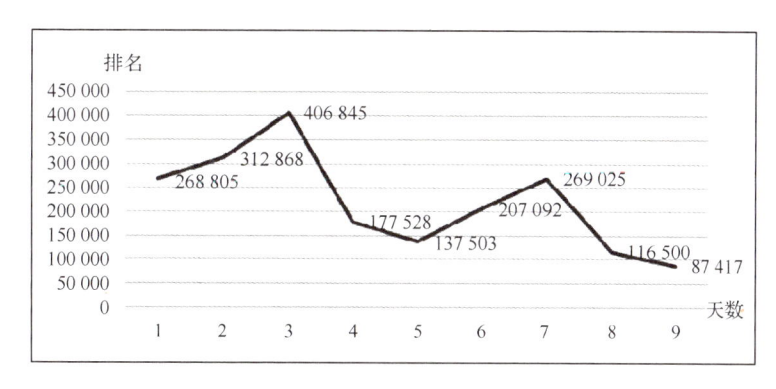

图 3-12　非稳定产品排名波动趋势（2）

3.2.4　实时跟踪潜力款排名并最终确定上架款式

当完成前述三个步骤以后，卖家可以通过数据分析挑选出部分潜力款，其占比应该在店铺商品数量的10%左右。但是，鉴于爆款率一般为5%以下，所以还需要做一次精简工作。这时，只需要实时监控潜力款排名。一旦发现其排名有稳定趋势且销量较高，该产品就可以被确定为热卖款，可以立即上架销售。热卖款排名波动趋势如图3-13所示。

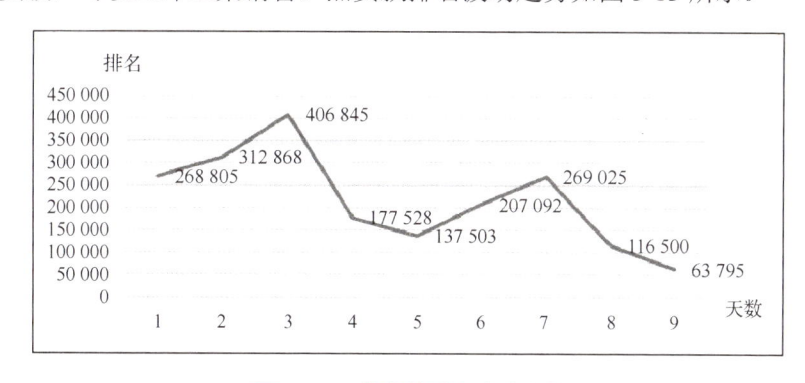

图 3-13　热卖款排名波动趋势

当然，运用数据抓取法选出的产品需要有强大的供应链支持。如果自身供应链较为薄弱，也不用担心，卖家可以从批发网站上用同样的步骤抓取热销产品，从而转移到Amazon平台上销售。

需要注意的是，如果运用数据抓取法选品，数据抓取统计的时间至少为1周。与此同时，为了能够降低风险，需要再进行1周的观测来确认款式是否为潜力款。但是，如果等到确认是潜力款再整合供应链进行生产，待产品发送到亚马逊仓库时，距离抓取数据分析已经过去至少1个月的时间。虽然产品的成长周期一般为1个月以上，但是鉴于通过爬虫程序实时跟踪Amazon的每一个新上架新品的数据波动非常困难，所以最好把"数据分析 + 测款验证 + 真实销售"的周期控制在21天内。

建议通过如下两种方案来解决这一难题。

（1）前期先收集数据，找到部分潜力款式，然后寻找其是否在1688（阿里巴巴）或其他国内批发网站上有对应链接。如果有链接且1688卖家支持小订单销售，则可直接小批量购买该产品。确认质量符合要求的情况下，在第一次抓取数据后的10～15天，确认该款式为潜力款，可以报送小批量订单。当产品到货后，观察其流量走势，决定是继续在 1688 购买还是自行生产。

（2）前期先收集并分析数据，找到部分潜力款式，直接开始制作样品。在第一次数据抓取后的 10～15 天，确认该款式为潜力款，同时确认样品发货，争取在 25 天内完成产品制作，1 个月内将自行生产的产品发送至亚马逊仓库进行线上销售。

Amazon 平台上许多中小卖家都是在 1688 等网站上购买产品，然后再到 Amazon 平台上销售的。因此，新卖家可以实时分析这些批发网站上的销售数据，然后将销售数据暴涨的产品放到 Amazon 平台上销售。以裙子为例，先在 1688 网站上搜索"亚马逊裙子"，如图 3-14 所示；然后可以看到具体的销售信息，如图 3-15 所示；最后，通过同样的方法利用爬虫程序抓取其销售额，根据销售额的波动来判断哪些产品是近期热卖的产品，哪些产品是近期的爆款产品。

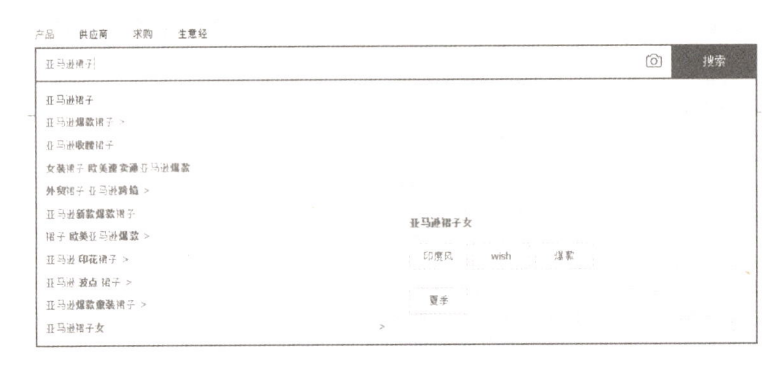

图 3-14 在 1688 网站上搜索"亚马逊裙子"

图 3-15 1688 网站的搜索结果

需要注意的是，该方法有利也有弊。
有利的地方：
- 能实时跟踪竞争对手的产品数据变化，不放过 Amazon 平台上任何一款具有爆款潜质的产品。
- 爆款评测客观科学，可以帮助卖家节约大量选品成本与测品时间。

不足之处：
- 排名数据仍然具有一定程度的滞后性。
- 对卖家的计算机应用能力和数据挖掘能力要求非常高。
- 需要精通高效编译算法，否则信息处理周期过长。
- 对供应链要求较高。

子任务 3.3　选品方法之市场分析法

子任务 3.1 和子任务 3.2 介绍的两种方法，一个过于普通，效果一般；一个过于"高大上"，对于运营者的技能要求过高。下面介绍一种比较折中的方法——市场分析法。

市场分析法分为市场评估和竞品分析两大步骤。

3.3.1　市场评估

市场评估，即分析什么样的市场是有潜力的市场？卖家应该在哪个领域选品？

在回答这些问题之前，先引入经济学的三个概念：完全竞争市场、寡头市场、垄断市场。

完全竞争市场又称纯粹竞争市场或自由竞争市场，是指一个行业中有非常多的生产销售企业，它们都以同样的方式向市场提供同类的、标准化的产品（如粮食、棉花等农产品）的市场形式。卖方和买方对于商品或劳务的价格均不能控制。在这种竞争环境中，由于买卖双方对价格都无影响力，只能是价格的接受者，企业的任何提价或降价行为都会招致对本企业产品需求的骤减或利润的不必要流失。因此，产品价格只能随供求关系而定。

寡头市场是指一个市场中每个公司的产品无独特性，并且竞争者的数量有限。它的特点是：基本上是同质产品，如基本的化学制品或汽油；相对少的销售者，如一些大的公司和许多小的跟随大公司的公司；明显无弹性行业的需求曲线。

垄断市场是指在市场上只存在一个供给者和众多需求者的市场结构。完全垄断市场的假设条件有三点：第一，市场上只有唯一厂商生产和销售商品；第二，该厂商生产的商品没有任何接近的替代品；第三，其他厂商进入该行业都极为困难或不可能，所以垄断厂商可以控制和操纵市场价格。

参考以上三种市场类型，我们在 Amazon 平台上可以根据产品的评论数量、搜索页面的页数、产品上架时间等因素来判断该市场为哪种市场。

例如，在 Amazon 平台的 "Men's Fashion" 类目下搜索 "Sweater Cardigan"，搜索结果的前 3 行产品截图如图 3-16 所示。

经过分析，可以发现这一市场领域有如下特点：
- 搜索结果靠前的产品重复率高（竞争激烈，产品信息重复，价格透明）。
- 搜索结果靠前的产品评论数量较少但分布平均（买家无明显偏好，购买评论星级平均分布）。
- 搜索页面数量较多，一共有 19 页（说明卖家人数多，竞争者多）。

由此可见，在 Amazon 平台上该类目市场可以归为完全竞争市场。

同样，在 "Women's Fashion" 类目下搜索 "Ruffle hem Sweater"，搜索结果的前 3 行产品截图如图 3-17 所示。

图 3-16 产品搜索结果示例（1）

图 3-17 产品搜索结果示例（2）

图 3-17　产品搜索结果示例（2）（续）

经过分析，可以发现这一市场领域有以下特点：
- 搜索结果靠前的产品重复率低（产品信息不重复，竞争不够激烈）。
- 搜索结果靠前的产品评论数量集中在几个产品上，其他产品无产品排名，即没有销量。
- 搜索页面数量较少（卖家人数较少）。

由此可见，在 Amazon 平台上该类目市场可以归为垄断市场。

在 Amazon 平台的"Women's Fashion"类目下搜索"Loose fit denim jacket for women"，搜索结果的前 3 行产品截图如图 3-18 所示。

图 3-18　产品搜索结果示例（3）

经过分析，可以发现这一市场领域有以下特点：
- 搜索结果靠前的产品有重复但重复率较低（有竞争者，但是竞争程度不激烈）。
- 搜索结果靠前的产品的评论数量集中在某几个产品上，但其他产品也有少数评论且都有不错的销量排名（买家有一定购买偏好，但是偏好不够强烈）。
- 搜索页面数量适中，一共有 7 页（市场竞争程度介于完全竞争市场与垄断市场之间）。

由此可见，在 Amazon 平台上该类目市场可以归为寡头市场。

针对三种不同的竞争市场，不同的卖家应该采取不同的选品策略。

针对大卖家（即拥有自己的供应链和生产体系，可以不依赖供应商独立生产产品的公司或组织）或品牌店铺而言，一共有 4 种市场策略：上策是冲击市场空白，成为垄断市场的主宰；中策是冲击寡头市场，力求在质量、服务和运营优化上击败对手；下策是进入已经无市场空白的完全竞争市场，因为这类市场竞争者繁多，价格透明，产品质量与服务也基本大同小异，拉不开差距；下下策是进入由其他大卖家所掌控的垄断市场，即使是大卖家，撼动一个垄断市场的垄断地位也要付出不小的代价，而这应该是运营者所要避免的。

针对小卖家（即没有自己独立的生产线和供应链，只能通过第三方厂商购买产品进行销售的小团队）或非品牌店铺而言，市场策略也有 4 种：上策是利用信息差冲击非标准化产品或小额产品的市场空白，成为某一小众市场领域的垄断卖家（比如小型工艺品、服装类产品），因为这些产品不会产生巨大的质量差异，即使后期大卖家进入市场也可以维持一定市场份额；中策是进入完全竞争市场，这里虽然市场透明、竞争激烈，但是竞争者各自差距不大，小卖家只要多在细节上下功夫，就可以分到一杯羹；下策是冲击标准化产品的寡头市场（如 3C 市场），大卖家的声誉和服务都已经形成体系，在缺失品牌店铺影响力和没有供应链的前提下几乎无法生存；下下策是进入由大卖家所掌控的垄断市场，因为产品质量、售后服务等市场规则都是由大卖家制定的，小卖家进入无异于以卵击石。

针对不同市场，大卖家与小卖家的不同策略对比如表 3-1 所示。

表 3-1　不同市场大卖家与小卖家的不同策略对比

卖　　家	上　　策	中　　策	下　下　策
大卖家	所有产品的市场空白	寡头市场	垄断市场
小卖家	非标准化产品市场空白	完全竞争市场	垄断市场

3.3.2　竞品分析

上面分析了"在哪个领域选品"的问题，下面来分析"选什么"的问题，即竞品分析。

什么样的产品才能成为爆款？这个问题的答案不是随便想想就能想出来的，也不是漫无目的地浏览 1688 或者各种海外独立网站就能一眼看出来的。在选品的时候，卖家需要带有目的性，这个目的性本身只能通过观察竞争对手及市场走向才能完成，即竞品分析。因为令人眼前一亮的产品有很多，但是只有那些能让顾客愿意掏腰包的产品才算得上是好产品。

竞品分析与市场评估密不可分，从上节的市场评估中已经得到这样一个结论：无论是大卖家还是小卖家，都不应该进入任何一个垄断市场。

如图 3-17 所示的"Ruffle hem Sweater"市场，这类市场的产品就属于那种"虽然眼前一亮，但是无人购买"的产品类别。

针对该类市场的产品，我们可以把"虽然眼前一亮，但是无人购买"类的产品元素归纳如下：

- solid 纯色系列；
- cable knit chunky sweater 厚针织毛衣；
- ruffle 褶皱下摆款式；
- deep color 深色系；
- pullover 套头毛衣；
- long sleeve 长袖。

然后，把那些"让人眼前一亮，且顾客愿意购买"的完全竞争市场的产品元素归纳如下：

- solid 纯色系列；
- cable knit chunky sweater 厚针织毛衣；
- draped 长下摆款式；
- light color 亮色系；
- cardigan 开衫毛衣；
- long sleeve 长袖。

最后，我们把寡头市场中那些爆款的产品元素归纳如下：

- tassel hem 流苏下摆；
- deep color floral 深色+印花；
- poncho 斗篷；
- cardigan 开衫毛衣；
- 3/4 long sleeve 3/4 袖长。

最后，我们可以总结出竞品的流行元素与淘汰元素，如表 3-2 所示。

表 3-2 竞品的流行元素与淘汰元素

流 行 元 素	淘 汰 元 素
cardigan	pullover
3/4 long sleeve	long sleeve
light color	deep color
deep color floral	solid
tassel hem	ruffle
draped	—
poncho	—

卖家在选品时可以按照"长尾词+定性词"为依据进行选品，比如"draped 3/4 long sleeve light color cable knit chunky sweater cardigan"。这里需要注意的是，这些词汇的组合并不是卖家的关键词或标题，而是选品的依据。例如"light color"一词，这个词组的搜索量极小，只是告诉新手卖家要选择那些"亮色系"的款式而已。

在完成竞品分析之后，卖家就可以带着这些数据去 Wish、1688 或国外的独立网站选品或采购备货。需要补充说明的是，这里列举的商品元素只是作为示例，总结出来的词汇还不是非常精确。在真实的运营环境中，大家需要把更多的时间和精力放在竞品分析上，这样会有更显著的效果。

竞品分析法有利也有弊。

有利的地方：

- 方法实用性强，爆款命中率较高；
- 可以全面分析市场格局，掌握竞争对手动态和市场走向。

不足之处：
- 市场评估工作量大，竞品分析耗时长；
- 无法采用铺货的方法测品；
- 对运营者的经验要求较高。

任务总结

本任务着重介绍了3种数据化选品方法，该任务知识导图如下。

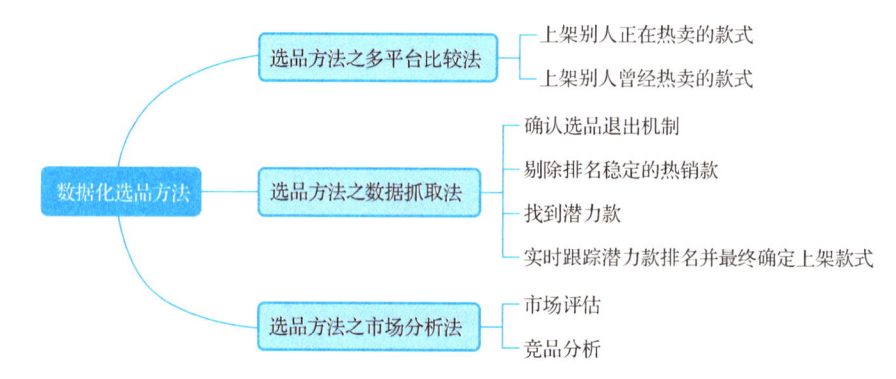

```
                          ┌─ 选品方法之多平台比较法 ─┬─ 上架别人正在热卖的款式
                          │                          └─ 上架别人曾经热卖的款式
                          │                          ┌─ 确认选品退出机制
数据化选品方法 ─────────────┼─ 选品方法之数据抓取法 ─┼─ 剔除排名稳定的热销款
                          │                          ├─ 找到潜力款
                          │                          └─ 实时跟踪潜力款排名并最终确定上架款式
                          │                          ┌─ 市场评估
                          └─ 选品方法之市场分析法 ─┴─ 竞品分析
```

任务拓展

一、任务布置

假设你现在正在经营一个自建网站平台，主要产品类目是灯具。现在你想上架几款具有特色的装饰灯，请你利用第三方平台工具收集10款符合要求的产品，然后从产品销量、市场份额等维度对数据进行整理和分析，最终选择3款具有潜力爆款的产品。

二、任务步骤

第一步：各小组成员通过学习第三方平台选品工具，运用多平台比较法、数据抓取法、市场分析法等多种方法获得产品数据，讨论不同方法获取数据的优劣势及准确性，完成下面产品数据获取表的填写。

产品数据获取表

小组名称：

获取方法	获取步骤	讨论结果及分析
多平台比较法	步骤1：	
	步骤2：	
	步骤3：	
数据抓取法	步骤1：	
	步骤2：	
	步骤3：	
市场分析法	步骤1：	
	步骤2：	
	步骤3：	

第二步：各小组成员将所获得的数据进行整理并分析数据的有效性和准确性，在老师的指导下完成下面表格的填写。

数据化选品表

小组名称：

选品方法	选品步骤	讨论结果及分析
多平台比较法	步骤1：	
	步骤2：	
	步骤3：	
数据抓取法	步骤1：	
	步骤2：	
	步骤3：	
市场分析法	步骤1：	
	步骤2：	
	步骤3：	

第三步：各小组成员结合讨论结果，对各种数据化选品的方法进行总结，并根据实际操作情况和所遇到的问题进行汇总分析。

第四步：各小组成员通过使用各种数据化选品方法筛选3款产品，并说明它们可能成为潜力爆款的原因，完成下面表格的填写。

产品筛选表

小组名称：

产品名称	产品链接	筛选原因
1.		
2.		
3.		

第五步：各小组成员挑选具有代表性的产品进行展示并分析总结，然后对本次任务学习及操作进行总结和评价，完成下面表格的填写。

总结和评价表

小组名称：

任务总结	知识小结	
	团队收获	
任务评价		

任务实训

一、单选题

1. 卖家判断一款产品是否为爆款的重要依据是（　　）。
   A. 销量是否提升　　B. 价格的高低　　C. 质量的好坏　　D. 好评数量

2. Amazon 的产品排名最主要的因素是与（　　）有关。
   A. 订单量的大小　　B. 价格的高低　　C. 好评数量　　D. 问答多

3. 在（　　）市场类型中，买卖人数众多，买方和卖方是价格的接受者，资源可自由流动，信息具有完全性。
   A. 完全竞争市场　　B. 寡头市场　　C. 垄断市场　　D. 经济市场

4. 针对不同市场，小卖家市场开发方式的上策是（　　）。
   A. 非标准化产品市场空白　　　　B. 标准化市场空白
   C. 完全竞争市场　　　　　　　　D. 寡头市场

二、多选题

1. 卖家上架其他大卖家热卖的商品应该关注产品的哪些信息？（　　）
   A. 评论　　B. Listing　　C. 品牌　　D. 价格

2. 假设要在 Amazon 平台上架别人曾经热卖的商品，需要同时符合以下哪些条件？（　　）
   A. 近 1 年左右曾经非常热卖的产品
   B. 现在该产品已经不再热卖
   C. 销售该产品时产品质量与价格有足够大的优势
   D. 产品是否有海外仓

3. 数据爬虫需要爬取的数据有（　　）。
   A. 商品大类目　　　　　　　　B. 商品排名信息
   C. 产品 Listing　　　　　　　D. 产品评论

4. 采用"竞品分析"方法的弊端有哪些？（　　）
   A. 市场评估工作量大，竞品分析耗时长
   B. 无法采用铺货的方法测品
   C. 无运营经验的人员无法进行
   D. 无法掌握市场走向

三、判断题

1. 多平台比较法是一种常见、比较实用的选品方法。（　　）

2. 多平台比较法选品逻辑共分为上架别人已经热卖的热卖款和上架别人还处于成长期的潜力款两大类。（　　）

3. 数据分析法可以让爆款评测客观科学，节约大量选品成本与测品时间。（　　）

4. 寡头市场也称寡头垄断，是指一种商品的生产和销售被少数几家大厂商所控制的市场结构。（　　）

四、思考题

1. 在 Amazon、速卖通和 Wish 三个平台上分别找一款围巾，利用多平台比较法比较这款围巾在每个平台的优势。

2. 在 Amazon 平台上运用数据抓取法和市场分析法分析下图中的产品属于哪种市场。

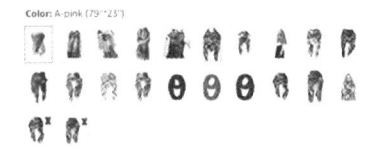

3. 在 Amazon 平台"men"类目下搜索"casual soft sweater cardigan",进行竞品分析。针对该平台的产品,分析产品类别,归纳产品元素,总结产品的流行元素和淘汰元素。

任务 4

国外创新选品方法

学习目标

【知识目标】
1．了解国外新型的创新选品方法；
2．掌握社区选品的方法；
3．掌握网站选品的方法。

【能力目标】
1．能够利用常用的社区群选择用户喜欢的产品；
2．能够利用社交分享网站和在线购物网站选择合适的产品；
3．能够利用消费趋势网站寻找用户喜欢的产品。

【素质目标】
1．树立兼收并蓄的文化包容意识，尊重外来文化，平等对待差异化，博采众长；
2．具备较强的团队协作意识和跨文化沟通与交流的文化素养；
3．具备创新思维，能够不断接受新事物、顺应新趋势。

任务引入

在互联网时代，网上很多数据容易使消费者迷惑，这些数据的目的是迷惑消费者，从而带来更多的流量，电商行业更是如此。所以，为了更好地了解国外消费者的喜爱，马丽又找到了国外比较创新的选品方法，如运用社区论坛、外国消费者经常使用的社交分享网站及评论网站，以及各种关于服装类的在线消费者刊物，通过这些方法能够更加准确地把握目标群体的喜好。下面我们一起帮助马丽通过对国外创新选品方法的灵活运用，寻找用户喜爱的产品。

> 任务实施

子任务 4.1　社区选品

4.1.1　当地社区选品

当前，国内很多传统行业也从线下转移到线上。同时，也有部分企业已经开启线上线下相结合的运营模式，而且在这种模式下，传统行业都运营得非常好。目前，国内社区零售"芙蓉兴盛"就是一个运营得非常好的例子。所以，有时候卖家也不需要特意去寻找有创意的新产品，传统商业中的产品也能引发诸多启示。

观察传统零售行业趋势，把适合线上销售的产品从线下转移到线上。观察身边的社区，注意人们谈论的创新或有趣的零售概念的产品。除从社区获取信息以外，当地的一些媒体也是获取新信息的很好来源。

例如，Yummy Tummy Soup Company 是一个把传统行业产品转移到线上销售的绝佳例子。这家公司自制的健康汤、蛋糕和甜点之类的食物同时在电商平台上销售，每天烹饪的食品都会用特制的控温集装箱包装好并销往全国。平台还提供一系列个人护理工具等产品。虽然这家公司主打的是食物，主要的特征是新鲜、运输时间短，但从当地社区收集的信息中发现，个人护理工具这类产品需求量也很大。

4.1.2　社区论坛选品

Reddit 是一个较大的社交媒体新闻聚合网站，也是一个大型社区论坛。它通过多个子模块展示不同细分领域的产品，迎合消费者不同的网络需求。在社区论坛，很容易触发卖家新产品或商业创意的灵感。

如果卖家想经营一个特殊产业的细分品类的产品，可以在论坛上搜索该产品的相关信息，找到合适的子模块社区并融入其中；同时，卖家也可以把很多产品创意发布在子论坛中。

如果是资深的 Reddit 用户，会在论坛上发现一些非常有趣的帖子，例如：

- Reddit, What is one product under $20 that you recommend everyone to buy?（Reddit，什么样的产品价格低于 20 美元，值得推荐每个人去购买呢？）
- What $100 item has the single greatest ability to increase quality of life?（花 100 美元购买哪种产品能最大限度地提高生活质量呢？）

Reddit 上有趣的帖子如图 4-1 所示。

图 4-1　Reddit 上有趣的帖子

子任务 4.2　网站选品

4.2.1　社交分享网站选品

网络时代的消费者更加喜欢浏览图片或视频等各种信息，目前也有一些经营得非常好的图片和视频网站。在这些网站的图片和视频中，有的还包含很多有趣的、流行的产品，如果有市场，卖家可以从中获得第一手资料。

Pinterest 就是一个通过图片或视频的方式寻找产品的网站，俗称"家庭妇女的天堂"。它采用的是瀑布流的形式展现图片内容，无须用户翻页，新的图片不断自动加载在页面底端，让用户不断地发现新的图片。Pinterest 网站页面如图 4-2 所示。

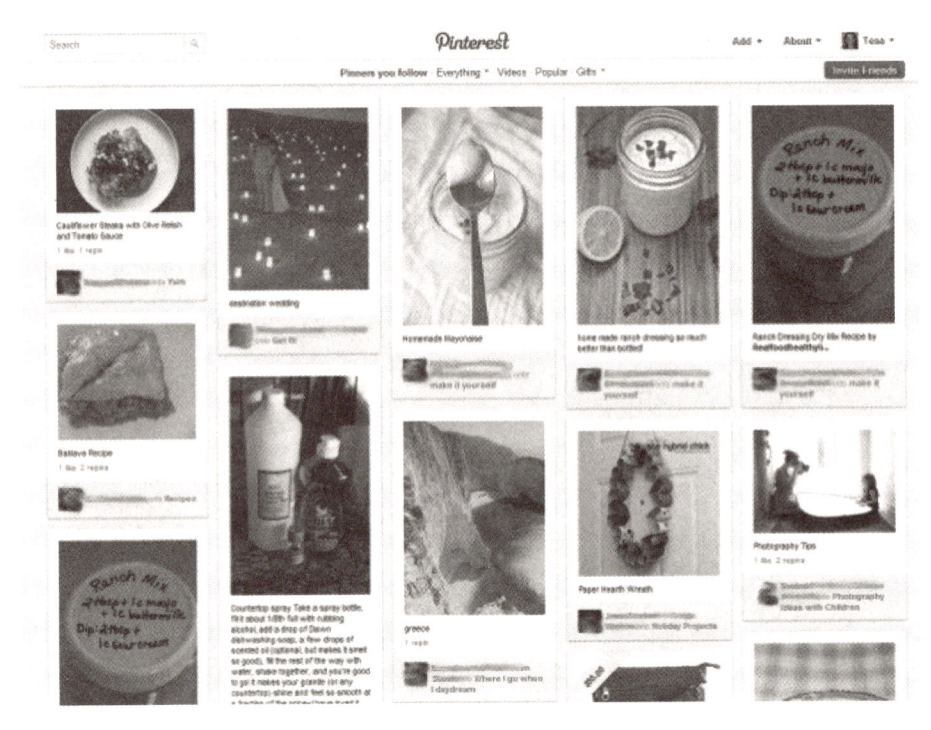

图 4-2　Pinterest 网站页面

除 Pinterest 网站以外，国外还有几个比较大的社交分享网站。
- Polyvore 网站。它是一个让用户做时尚 DIY 分享的网站，最大的特色就是用户可以搜索浏览时装、配饰图片，同时还可以搭配、拼接喜欢的衣物，做出有时尚感的图片。
- Fancy 网站。它的定位是一个集店铺、杂志及许愿单为一体的网站，用户通过 Fancy 网站发现各种礼品信息并可以将自己搜索的信息分享给朋友。
- Wanelo 网站。它是全球购物社区，俗称美国的"蘑菇街"，采用与 Pinterest 网站类似的方式展示产品和店铺。

4.2.2 B2B 批发市场网站选品

传统的 B2B 批发市场主要是在线下发展的,虽然有的产品质量不怎么好,却比较有特色。而在互联网时代,B2B 批发市场也迎合时代,以"线上+线下"融合的方式开始发展。在有的线上 B2B 批发市场网站,也可以发现许多有潜力的产品。

为了找到有质量、有特色的货源,卖家虽然花费了很多心思,但产品有时候依旧无法获得用户的满意。因此,新手卖家想要找到不错的货源,对 B2B 批发市场网站也必须有所了解。

国内一个非常著名的 B2B 批发市场——阿里巴巴旗下的 1688 网站,是中国跨境电商卖家进货的首选渠道。1688 网站以批发和采购业务为核心,通过专业化运营,完善客户体验,全面优化企业电子商务的业务模式。目前,1688 网站已覆盖原材料、工业品、服装服饰、家居百货等多个行业大类,提供从原料采购、生产加工到现货批发等一系列的供应服务。

其他类似 B2B 批发市场的网站主要有以下几个:

(1) TradeKey 网站。它是全球知名度较高、实用性较强的 B2B 网站,在全球 B2B 网站中名列前茅,也是近年来较受外贸行业关注的外贸 B2B 网站。TradeKey 一直致力于全球买家数据的采集和分析,与全球诸多实力雄厚的集团机构结成联盟,是一个专门为中小企业而设立的网站。它以出口为导向,已成为全球 B2B 网站的领导者和较受外贸企业欢迎的外贸 B2B 网站之一。

(2) Global Sources(环球资源)网站。它是 Global Sources 公司创办的网站。Global Sources 公司是一家多渠道 B2B 媒体公司,它的核心业务是通过一系列英文媒体,包括环球资源网站、印刷及电子杂志、采购资讯报告、买家专场采购会、贸易展览会等形式促进亚洲各国的出口贸易。

(3) Made-in-China(中国制造网)。它是国内综合 B2B 电子商务平台,覆盖行业品类包括工业品、原材料、家居百货和商务服务等,为供应商提供免费搭建企业展厅、免费发布产品、提供移动营销及深度推广等服务。

4.2.3 在线购物网站选品

目前,在网上购买商品已经成为人们日常生活中不可缺少的一部分,有名气的电商平台也被消费者所熟知。有部分小众电商平台,虽然知名度不高,但也能为新手卖家提供一定的参考。通过浏览并分析这些平台的信息,也能帮助新手卖家开发新产品。

(1) Kickstarter 网站。它是一个专为具有创意方案的企业筹资的众筹网站平台。Kickstarter 网站致力于支持和激励创新性、创造性、创意性的活动。通过网络平台面对公众募集小额资金,让有创造力的人有可能获得他们所需要的资金,以便实现他们的梦想。在 Kickstarter 网站中,用户可以查询所有项目的受欢迎程度、筹集资金的数量、有哪些达人推荐等。Kickstarter 网站的项目类别包括电影、音乐、美术、摄影、戏剧、设计、技术、食品等十几类。

(2) Etsy 网站。它是一个以手工艺成品买卖为主要特色的网站,集聚了一大批极富影响力和号召力的手工艺术品设计师。在 Etsy 网站上,人们可以开店,销售自己的手工艺品,模式类似 eBay 和淘宝网。在 Etsy 网站交易的产品多种多样,包括服饰、珠宝、玩具、摄影作品、家居用品等类别,这些类别的产品有一些共同特征:原创、手工、有个性。因此,Etsy 聚集的是一大批极富创意的手工达人和才华横溢的设计师。

子任务 4.3　其他渠道选品

4.3.1　从用户评论、产品发展趋势中寻找产品

在媒体提供的信息高度丰富的今天，人们在消费资讯的获取上呈现多种形式。例如，阅读网络评论不知不觉已经成为很多人阅读网上信息的乐趣之一，网络评论已经是一种高渗透率的网络行为。据有关机构统计，近六成网友会发表评论，近八成网友会浏览评论。

网络上也有很多买家会根据产品的口碑来做出选择，会了解那些素不相识的人对产品的看法。因此，产品及趋势发现评论网站就是一个获得灵感和创意的好地方。

例如，Uncrate（男士专属推荐购物网站）是男士的配件指南阵地，专门针对男性用户提供超过 9 000 个专属产品，专门为男士用户打造非常有特色的产品，能够把男人的气质和品位提升到一个较高的档次。这个网站每天都可以看到最新产品发展趋势。Uncrate 网站界面如图 4-3 所示。

图 4-3　Uncrate 网站界面

Outblush 和 Uncrate 是一样性质的网站，只不过它是针对女士产品的，同样也可以看到每日最新产品发展趋势。

除一些用户评论、发布新产品信息的网站以外，我们还可以留意一些介绍流行产品的博客。

（1）BlessThisStuff（美国前卫生活博客）。这是一个分享前卫生活的博客站点，主要分享科技、创意家居、体育运动、品牌时尚、机械、媒体文化等内容，让你拥有高端品位的生活态度，以绅士般的态度去迎接较前沿的生活。BlessThisStuff 博客页面如图 4-4 所示。

图 4-4　BlessThisStuff 博客页面

（2）Cool Material（户外酷装备推荐平台）。这是一个致力于男士用品的站点，专门推荐男士户外装备、机车、饮酒器皿、服装等产品，凡是能让男士很酷的东西他们都推荐。Cool Material 页面如图 4-5 所示。

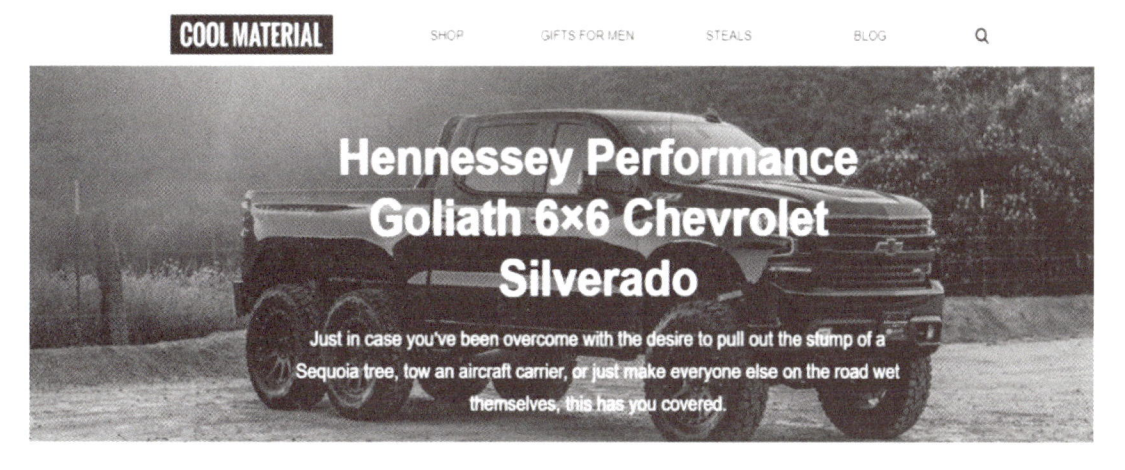

图 4-5　Cool Material 页面

卖家除浏览与产品趋势相关的大型网站和流行站点以外，还要注意浏览一些利基市场的评论站点，确定自己特别感兴趣的产品后，可以在这些站点中搜寻该产品相关评论或博客。

4.3.2　从消费趋势网站中寻找产品

如果卖家想让自己的产品有特色，那么就要有创新意识。想要寻找产品创意，可以经常去查看有关消费趋势的网站。下面介绍几个很受用户欢迎的消费趋势网站。

（1）TrendWatching（全球消费趋势研究平台）。TrendWatching 是一家独立的、有自主观点的全球消费趋势研究平台，发布全球前瞻性消费趋势，长期观察和分析全球范围内较有前景的消费趋势及新型的商业案例，依靠遍布全球 90 多个国家的观察员网络，给用户呈现全球消费发展新趋势。TrendWatching 网站页面如图 4-6 所示。

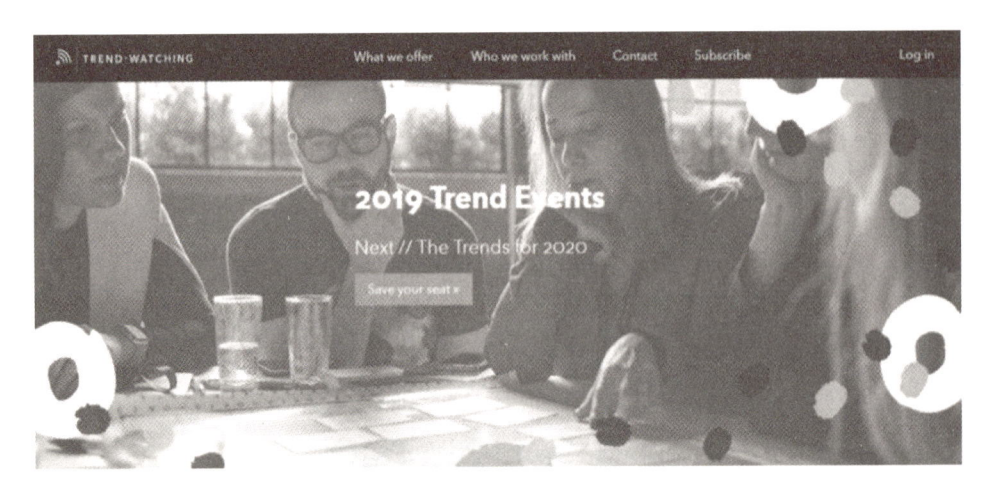

图 4-6　TrendWatching 网站页面

（2）TrendHunter（潮流猎人趋势资讯网）。它是一个介绍世界各国潮流趋势的综合时尚资讯网站，是世界较大、较受欢迎的时尚潮流趋势社区之一。在该网站上每天都有最新潮流的资讯，是有抱负、有无尽好奇心的企业或个人的灵感源泉。TrendHunter 网站页面如图 4-7 所示。

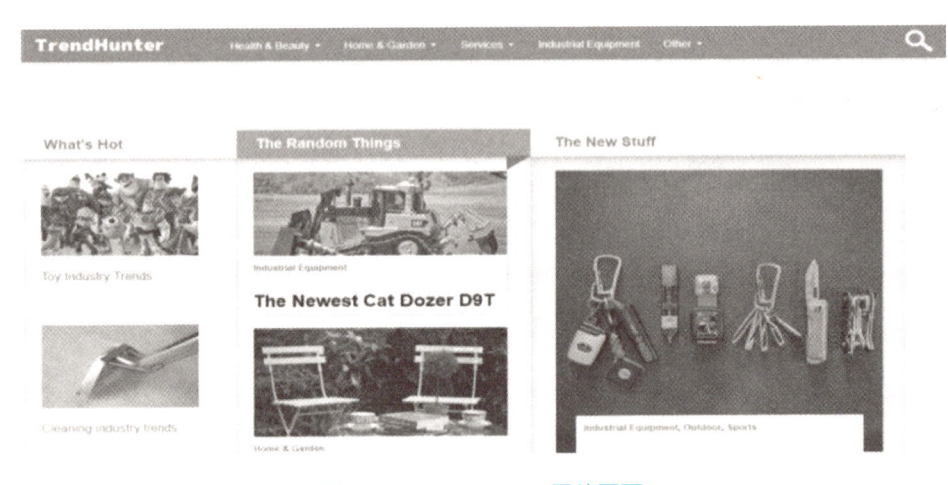

图 4-7　TrendHunter 网站页面

（3）Springwise 网站。它在全球范围内搜索和整合优秀创意，并立志将这些好创意提供给具有企业家头脑的萌芽企业领导、管理咨询人员、营销经理、商业发展研究者，或者任何对创新和挖掘新商机有兴趣的人。它每天提供新公司创意信息、产品趋势及故事等内容，可以免费订阅。Springwise 网站页面如图 4-8 所示。

例如，Inkkas 公司是一个将国际流行趋势很好融入产品的公司。他们引入纯正南美织物来制作漂亮独特的鞋子。这个创意来源于他们有次在秘鲁看到这些风格的鞋子，认为在北美一定会有市场，并将其引入国内成功地发起了众筹项目，收到了共计 77 000 美元的预订单。

Inkkas 公司网站页面如图 4-9 所示。

图 4-8　Springwise 网站页面

图 4-9　Inkkas 公司网站页面

任务总结

本任务主要介绍了社区选品、网站选品及其他渠道选品三种国外创新选品方法，其内容导图如下。

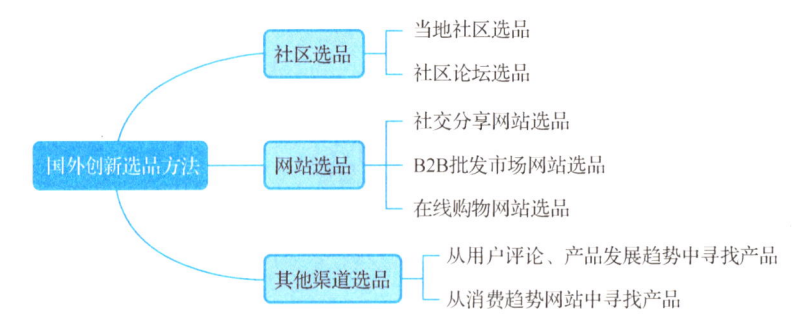

```
                          ┌── 当地社区选品
               ┌── 社区选品 ┤
               │          └── 社区论坛选品
               │
               │          ┌── 社交分享网站选品
国外创新选品方法 ┼── 网站选品 ┼── B2B批发市场网站选品
               │          └── 在线购物网站选品
               │
               │              ┌── 从用户评论、产品发展趋势中寻找产品
               └── 其他渠道选品 ┤
                              └── 从消费趋势网站中寻找产品
```

任务拓展

一、任务布置

前段时间，一则"小学生寒假作业炕头消失"的新闻被推上热搜，主要"罪魁祸首"就是热可擦笔。在亚马逊平台上，这种类型的产品不仅销量高，好评率也非常高。相较于传统中性笔，它可以非常方便地修改写错的内容，但也存在一定缺陷，在温度超过65度之后，用这种笔写的内容就会消失。请各小组成员通过国外创新选品方法，寻找或设计出一款比普通中性笔更有新奇点，又能避开热可擦笔缺点的中性笔。

二、任务步骤

第一步：各小组成员通过学习国外创新选品方法，选择合适的选品方式，并讨论不同选品渠道的特征和优劣势。

第二步：各小组成员经过充分讨论后，完成下面表格的填写。

国外创新选品方法表

选品方法	选品方式	选品步骤	讨论结果及分析
社区选品	当地社区选品	步骤1： 步骤2： 步骤3：	
	社区论坛选品	步骤1： 步骤2： 步骤3：	
网站选品	社交分享网站选品	步骤1： 步骤2： 步骤3：	
	B2B批发市场网站选品	步骤1： 步骤2： 步骤3：	
	在线购物网站选品	步骤1： 步骤2： 步骤3：	

任务4　国外创新选品方法

续表

选品方法	选品方式	选品步骤	讨论结果及分析
其他渠道选品	从用户评论、产品发展趋势中寻找产品	步骤1：	
		步骤2：	
		步骤3：	
	从消费趋势网站中寻找产品	步骤1：	
		步骤2：	
		步骤3：	

第三步：结合各小组成员的讨论结果，对如何使用国外社区选品、如何使用国外网站选品、如何使用其他渠道选品等进行归纳总结，分析每种选品方法的特征、差别、优劣势，以及多种选品方法综合选品的区别。

第四步：各小组成员通过使用各种国外创新选品方法选择3款产品，说明它们可能成为潜力爆款的原因，并填写下列表格。

国外创新选品方法结果表

小组名称：

产品名称	产品链接	选品原因
名称1：	链接1：	
名称2：	链接2：	
名称3：	链接3：	

第五步：挑选1～2个优秀的小组作品并对其选择的产品进行展示，通过团队互评方式进行总结和评价，并填写下列表格。

总结和评价表

小组名称：

任务总结	知识小结	
	团队收获	
任务评价		

任务实训

一、单选题

1. 以下哪家企业运营模式采取的是社区零售模式？（　　）
A．沃尔玛　　　B．步步高　　　C．家乐福　　　D．连锁便利店
2. 以下哪个不是社交分享网站？（　　）
A．Polyvore　　　B．Fancy　　　C．Wanelo　　　D．WeChat
3. 以下哪个网站的性质与Outblush类似？（　　）

81

A．BlessThisStuff B．Uncrate
C．Cool Material D．TrendWatching

二、多选题

1．网站选品包含下列哪些类型的网站？（　　）

A．社交性网站　　B．黄页　　C．B2B 平台　　D．图片网站

2．以下哪些是 B2B 批发产品市场类型的网站？（　　）

A．TradeKey　　B．Global Sources　　C．Made-in-China　　D．天猫

三、判断题

1．Reddit 拥有固定数目的 Subreddits（子 Reddit）展示各种细分领域，它们能迎合各种不同的网络需求。（　　）

2．Uncrate 是一个女士专属推荐购物网站。（　　）

四、思考题

1．浏览教材中介绍的各种网站，综合分析它们的特点，并通过这些网站为国外消费者选出 3 款适合他们的服装类商品。

2．Pinterest Predicts（趋势）是根据用户当年在 Pinterest 网站上热度最高的搜索关键词，去预测第二年的利基市场的流行趋势。请通过浏览 Pinterest 网站，预测消费者需要什么，你可以提供什么样的产品给他们。

3．利用国外产品趋势类评论网站 Uncrate 进行选品，搜索客户评论并对评论进行分类，分析人们关注且讨论热烈的话题，挖掘目前男士配件的流行趋势。

模块二 分平台选品
训练平台选品单项技能

任务 5

Amazon 选品

学习目标

【知识目标】
1. 掌握 Amazon 平台界面及常见功能；
2. 掌握 Amazon 平台新品开发思路、原则及方法；
3. 熟悉 Amazon 站内各项排行榜的数据含义及分析方法。

【能力目标】
1. 能够利用 Amazon 买家产品页面进行选品；
2. 能够利用 Amazon 站内选品排行榜选择商品；
3. 能够进行信息收集并对商品信息进行分析处理。

【素质目标】
1. 树立合法公平的市场竞争意识；
2. 树立品牌保护意识，在产品开发过程中，尊重知识产权，依法维护自身权益；
3. 树立文化自信，尊重各国不同的风俗习惯和信仰。

任务引入

随着跨境电商行业的兴起，各种跨境电商平台如雨后春笋般迅速成长，而 Amazon 作为跨境电商界的龙头老大，实力不容小觑，很多消费者也愿意在该平台购物，所以它也是一个选品的好地方。马丽为了物尽其用，先细致地了解并研究了 Amazon 平台，掌握 Amazon 选品原则和方法，接着利用站内各种榜单选出适合自己店铺的产品。接下来让我们一起看看她是如何操作的。

> 任务实施

子任务 5.1　Amazon 新品开发原则

Amazon 是一个比较完善的平台，但其运营手段及方式跟国内的淘宝网、天猫相比是不一样的。Amazon 平台主要看重的是产品本身的特色及良好的客户体验。随着信息技术的发展，卖家技术层面的差异越来越小，因此，对于 Amazon 平台卖家而言，前期的选品就变得尤为重要。

选品是一个持续的过程，当一个产品开始售卖之后，并不代表这个产品的选品过程结束，从而需要马上开发其他新的产品，而是当这个产品开始卖得不错之前，卖家依旧可以沿着这个产品以按图索骥的思路继续拓展，选出与之相类似的潜力产品。

作为 Amazon 卖家，最开始就要熟悉平台本身的规则，避免账号出现各种问题而不知道该如何处理。

5.1.1　深入研究 Amazon 平台产品

在研究 Amazon 平台产品的过程中，卖家可以从以下 3 个方面去分析总结，为拓展选品做准备。

（1）热卖商品（Best Sellers）。

当卖家在研究热卖商品的时候，要选那些评论数量少，但是排名上升快，客单价偏高的产品。评论数量过多，说明竞争激烈，作为新手卖家很难与其竞争。此外，卖家要多留意新发布的产品，紧跟产品动向，关注产品新功能，尤其是节假日促销前，多去看看历史节假日热门选品的数据，这些信息能给你带来不少灵感。Amazon Best Sellers 页面如图 5-1 所示。

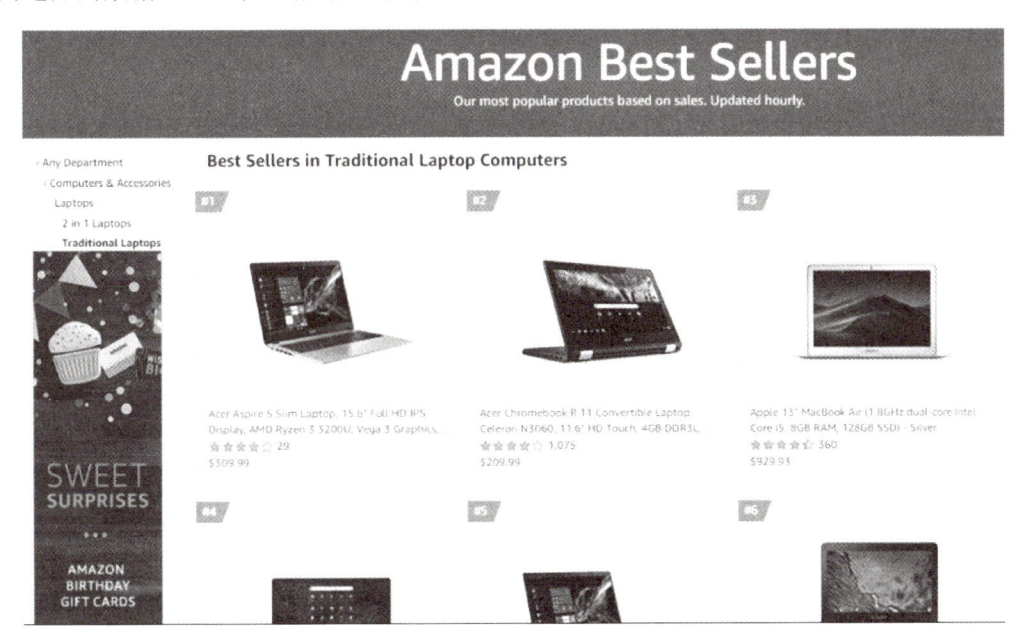

图 5-1　Amazon Best Sellers 页面

（2）产品详情页（Product Detail Page）。

产品详情页参考价值比较大。卖家在研究的时候，要从以下 4 点去考虑：买了又买、看了又看、看了却没买和关键词推荐产品。

买了又买是指消费者购买某一款产品之后又买了其他产品的行为，这是一种使用场景下功能的补充和购买场景下需求的补充行为，比如买了蓝牙耳机后，又买了耳机盒。

看了又看是指消费者从某一款产品搜索进去之后又浏览了别的产品的行为，适用于多种参数的标品或多种外观的非标品。

看了却没买是指消费者点击卖家的产品进去之后并没有下单，而是买了其他的产品或其他卖家的竞品的行为。这种情况下卖家需要从价格、外观和款式方面去完善自身的产品。

关键词推荐产品，这类产品新品补充居多，卖家进行产品升级时可以参考。

产品详情页如图 5-2 所示。

图 5-2　产品详情页

（3）畅销品和品牌（Top Sellers & Brands）。

分析该模块的主要目的是：追踪行业畅销品和品牌产品；从产品线的角度追踪行业大卖的新产品线，看看这些行业大卖家是如何做 Amazon 选品的；追踪品牌产品在该品类下的开发新方向，从而验证自己的产品线。

5.1.2　如何确认产品

在分析了产品之后，该如何判断这个产品是否能上架销售呢？以下是判断这个产品是否能上架销售的步骤。

第一步：查看这个产品的上线时间。判定该产品是上线不久的新产品，还是上线时间已经很长的老产品。从上线时间的角度判断该品类流行程度、生命周期和更新换代频率。

第二步：查看产品价格。了解消费者对这个产品的价格接受区间，查看产品的成本价。如果适当降低当前的价格，卖家再销售这款产品是否有利润。如果卖家的产品价格符合以下条件，那么这个产品建议上架销售：

- 产品目标定价 < 排名最高产品的价格 ×0.9；
- 产品目标定价 < 新产品的价格 ×0.9；
- 产品目标定价 < 评论数量最多的产品价格 ×0.8。

第三步：查看现有卖家的店铺表现。新卖家如果想要销售这款产品，首先要判断与竞争对手相比是否有优势，如果该产品评价星级的平均分低于 3.5 分，卖家就可以放弃这款产品。因为低于 3.5 分的产品基本上是质量不好的，或者产品其他方面有什么地方不受消费者喜欢。这种产品不值得做，除非有信心把产品的评价星级平均分做到 4.2～4.5 分，才有打造爆款的可能，而且要选择那些评论数量在近期有增长趋势的产品。

5.1.3　如何改进产品

一般而言，正在销售的产品或多或少有一些问题，这就需要对产品进行二次开发。要想对产品进行二次开发，卖家就要挖掘用户的痛点。但是，去哪里找用户的痛点呢？

分析用户对产品的评论是收集同类产品痛点最简便有效的方法。这些评论既可以在 Amazon 平台上收集，也可以到常用的论坛、社交媒体等平台去收集。

当卖家完成用户痛点收集之后，可以通过以下几种方式去改进产品：

- 加配件，可以有效防止跟卖，改善客户购物体验。
- 换包装，把产品商标化、品牌化，从包装上升级产品和品牌形象，改善用户的拆包体验。
  例如，Amazon 曾经推出了一款一撕即开的包装，非常方便快捷。
- 换颜色，同一款产品做多个不同颜色。
- 微创新，在功能、材质、外观和参数方面进行升级，比原来的产品更加好用。
- 技术革新，完完全全重新设计产品。

针对最后一种方法，一般卖家没有这种颠覆式的创新能力。但是，通过其他 4 种方法进行差异化改进，还是比较容易做到的。

因此，卖家在进行产品改进的时候，需要充分考虑产品布局、市场成熟度和供应链资源。尤其是要清楚自己产品的定位：产品最主要的目的是盈利？还是为了提高销售量？产品的目标消费人群有哪些？这些都会影响选品方向。

子任务 5.2　Amazon 新品开发方法

Amazon 是一家注重产品质量的平台，所以产品开发并不单纯只考虑能不能卖，是否有利润可言，还得保障产品的质量，这样产品才能卖得长远、卖得持久。

5.2.1　Amazon 新品开发思路

1. 从需求出发，跟着市场走

Amazon 是以产品为导向的平台，卖家需要考虑自己手上的产品是否有足够大的市场空间。此外，卖家还要关注的并不是国内市场，而是国外市场。有些产品在国内不畅销，但可能会在国外卖得非常好。假如卖家想在 Amazon 美国站上开店，就应该去了解一下美国人需要什么样的产品。

2. 以盈利为目标

Amazon 平台上不缺少好的产品，也不缺少卖家，不少卖家甚至还自建了品牌进行保护。大部分跨境电商市场都已成为红海市场，有些人就直接放弃，将目光瞄向蓝海市场。其实，红海市场里也有商机,一个行业或一个类目所在的市场之所以变成红海市场,是因为它的规模与市场需求足够大。如果在产品的细节上做出差异化,不差盈利的机会。蓝海市场,竞争力是相对较小,但搜索量也比红海市场小很多。如果进入蓝海市场,卖家就需要更多的摸索,承担更多的开发工作,而且蓝海市场也不会永远存在。卖家选择红海市场还是蓝海市场,关键在于产品是否有盈利的空间。

3. 专注某一个类目

如果新手卖家已经有了开店的准备,下一步就会考虑要卖什么产品。新卖家开店初期,资金、人力等各方面资源都是有限的,不可能刚起步就上架海量的产品。所以,卖家刚进入行业时,先专注某一个类目。如果不明白个别品类的市场情况,可以在 Amazon 平台上浏览其细分类目的销售情况,包括对卖得比较好的店铺、产品做市场分析。

5.2.2　Amazon 新品市场调研

产品开发的思路明确后,接下来就要去了解 Amazon 平台上的热卖产品,并且对产品充分调研,了解市场的趋势和容量如何,是否还有入驻的空间。

在 Amazon 平台上,卖家可以通过以下方法调研新产品。

(1) 关键词搜索。

直接在 Amazon 页面的搜索框中输入关键词进行搜索,即可看到关于这类产品的总数,数量越大,自然就说明市场竞争力越大。Amazon 搜索页面如图 5-3 所示。

图 5-3　Amazon 搜索页面

(2) 排行榜。

例如,在 Amazon 平台主页单击"Department"按钮,选择目标产品所在的细分类目,再单击"Best Sellers"按钮即可查看排行榜。

通过以下各种排行榜,卖家可以知道以下信息。

- 卖得最好的产品(Best sellers)。卖家可以知道具体类目中卖得最好的产品有哪些。
- 热门新品(Hot new releases)。卖家可以知道现在热卖的新品有哪些。在分析时再结合季节、节日、推广等因素,可以对热卖新品及趋势做出判断。
- 评价最高的产品(Top rated)。卖家可以知道评价最高的产品都有哪些。
- 愿望清单(Most Wished for)。卖家可以知道大家都想要什么样的产品。

5.2.3　Amazon 新品调研

了解了市场之后,接下来需要对产品的价格、排名、评论、库存、商标、图片、名称、描述、包装、链接、ASIN 码等信息进行调研,进一步全方位了解某个产品,看看它是否符合卖家的选品要求。其中,有几个要点是需要重点分析的。

(1) 分析产品的价格(Price)。

产品价格页面如图 5-4 所示,这个价格包括加到黄金购物车的产品价格。价格直接关系到成本，只有产品单价符合卖家的店铺定位，才值得卖家花时间去进一步深入研究产品。另外，像一些大件的产品，它可能很畅销（如沙发），但它的体积、成本和物流费用也会很高，一般的卖家是无法承担的，那么，这类产品可以直接放弃；如果产品的市场价格过低，有可能没有利润空间，卖家也不需要深入研究这类产品。

图 5-4　产品价格页面

（2）分析产品销量排名（Best Sellers Rank）。

产品销量排名页面如图 5-5 所示，产品销量排名是反映产品销量最有效的参考指标。通过产品销量排名，卖家既可以知道产品销量在某个产品类目中的位置（越靠前的产品，证明它越有竞争力），也可以评估整体市场容量，从而可以判断某一个类目的竞争程度。如果卖家的产品的排名能排在大类目的前 100 000 名、二级类目的前 10 000 名、三级类目的前 1 000 名、四级类目的前 100 名，说明这就是个很不错的产品。

图 5-5　产品销量排名页面

（3）分析产品评论（Reviews）。

产品评论页面如图 5-6 所示，产品评论数量的增长速度和内容有很大的参考价值。当某个产品处在旺季或流行季节时，它的销量会增加，相应的评论数量的增长速度也会加快。另外，通过分析竞争对手的评论内容，也更有利于卖家发现产品本身的品质状况、设计是否存在缺陷等，从而了解客户深层次的诉求，在研发阶段避免或改进。但是，如果产品评论星级普遍低于 4 星，说明这款产品缺陷很多，卖家就不用考虑将其作为选品的对象了。

图 5-6　产品评论页面

另外，卖家可以将产品排名与评论相结合进行综合分析。如果两个数据一起增长，表示产品的销量在增长，是个综合实力不错的热卖品；如果只看到评论数量上升，但产品排名却在下降，就有可能存在刷单的情况，如果遇到这种情况，卖家就需要对这个产品持观望态度。

（4）分析竞争对手的库存，从而推测销量。

Amazon 尊重买家的隐私，是不会在网页前端公开某个产品销量的详细记录的。产品的销量与排名也有很大的关系。新卖家想要了解某个产品的市场销量如何，可以通过将产品添加到黄金购物车的方式推测竞争对手的库存，从而评估这个产品的整体市场容量。

另外，如果一个产品在一段时间内销售量比较高，但评论数量比较少，这种产品是值得关注的。因为它可能是一款很有潜力但还没有上升为爆款的产品。

（5）分析产品是否有注册品牌，是否能跟卖。

卖家需要注意产品是否为品牌产品，有无注册商标。如果有品牌保护，而卖家想要代理销售，可以跟在售的卖家进行沟通，看是否能拿到代理权或授权书。新卖家不一定非要选同款产品，可以找相似款的产品。这里的"找相似款"，并不是让新卖家去找仿冒产品，而是建议新卖家可以去开发不同外观但功能一样或相类似的产品，或者是升级产品。

（6）注意产品是否需要认证。

一些产品类目比较特殊，如某些婴儿喂养类用品，需要做强制性产品认证才能上架到亚马逊平台，如果卖家不具备认证相关条件，也不做选品考虑。

通过分析竞争对手的产品的各种数据，卖家可以判断哪些产品刚上市，哪些产品在成长期或成熟期，哪些产品处于衰退期。如果发现某一个产品在某一个细分行业有很多卖家，而且几乎被垄断，卖家则可以绕开它，去研究别的产品市场。

卖家只有对产品目标市场有了很好的掌握后，再去进行样品的评估、采购、改进等后续开发环节，这样才会对店铺运营有很大的帮助。

子任务 5.3　Amazon 站内数据选品

5.3.1　亚马逊搜索（Amazon Search）

Amazon Search 是每个 Amazon 买家要使用的工具，这里汇集了买家各类精准的搜索词。因此，对卖家选品有很重要的参考意义。那么，如何通过亚马逊搜索功能选品呢？

（1）利用搜索功能，发现热门长尾词，寻找市场机会。

（2）进入一个类目，层层筛选，排名靠前且评论数量较少的产品，就有可能是一个优良品。Amazon 搜索页面如图 5-7 所示。

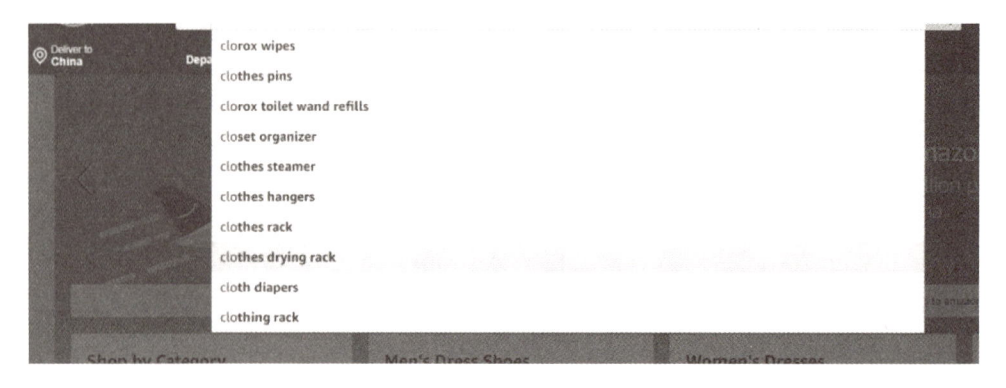

图 5-7　Amazon 搜索页面

5.3.2　亚马逊热销榜（Amazon Best Sellers）

这个榜单可以让卖家清楚地看到每个类目下卖得最好的 100 条产品列表，如果对列表的这些产品进行认真研究、梳理，并结合自己的实际情况考虑（如资金、资源等因素），评估自己是否有能力运营这些产品，就可以达到选品的目的。

但是，所有卖家都希望能在这个地方找到自己的产品，因此竞争非常激烈。所以，一定要精准地分析清楚。Amazon 热销榜页面如图 5-8 所示。

图 5-8　Amazon 热销榜页面

5.3.3　亚马逊新品排行榜（Amazon Hot New Releases）

这个榜单展示的是上架时间较短，但排名上升速度较快的 Amazon 的"新星"产品，有的产品是刚刚开发出来的，或者是之前的老产品具备了新的功能，而这个功能很受用户的喜欢。

与热销榜里那些竞争激烈、难以追赶的产品相比，这里的产品更值得卖家选择。新品排行榜的每个类目下有 100 个新品列表，可以让新卖家有更多的选择机会。Amazon 新品排行榜页面如图 5-9 所示。

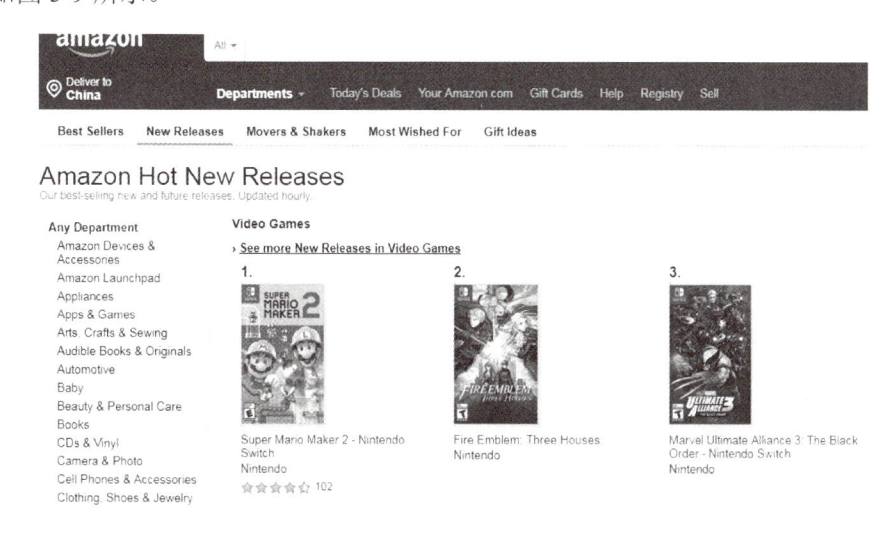

图 5-9　Amazon 新品排行榜页面

5.3.4 亚马逊销售飙升榜（Amazon Movers & Shakers）

这个榜单可以看到 Amazon 平台上所有品类 TOP100 的趋势波动，每个产品的上方都会有红色和绿色的箭头，绿色表示人气在上升，红色则表示人气在下降。卖家可以根据箭头的颜色来选择一些潜力产品。

亚马逊销售飙升榜用于展示亚马逊平台销售上升较快的商品，覆盖 Kindle 商店、MP3 音乐、图书、婴儿用品、工艺品、汽车、电子产品、美容和个人护理、计算机、女士时尚、男士时尚、女童时尚、男童时尚、健康和家居用品、宠物用品、家居厨房用品、工业科技、工具与家居装饰、影视、玩具与游戏、行李箱包、视频游戏、运动与户外用品等品类。Amazon 销售飙升榜页面如图 5-10 所示。

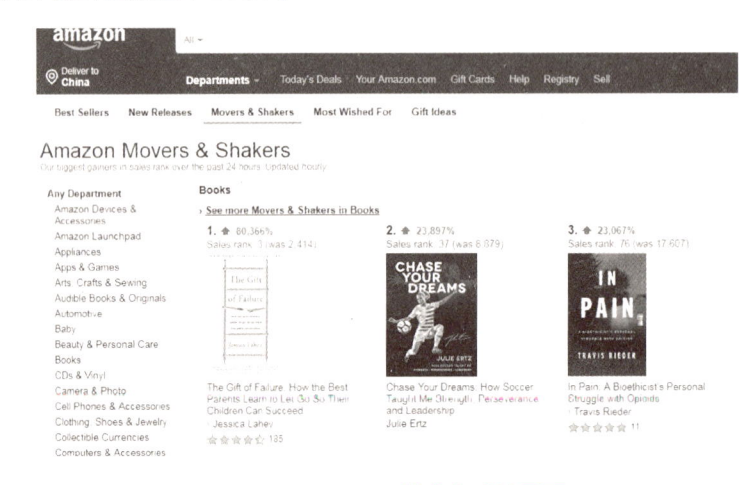

图 5-10　Amazon 销售飙升榜页面

5.3.5 亚马逊愿望清单（Amazon Most Wished For）

愿望清单是 Amazon 平台通过搜集消费者的访问数据而形成的，是挑选未来热卖品的一个重要依据。当这里的产品有折扣消息的时候，Amazon 平台会通过邮件自动提醒消费者。如果卖家的产品能有幸上榜，又或者能以更优惠的价格提供此产品，那么减价促销活动都会带来更多的销量，从而赢得商机。Amazon 愿望清单页面如图 5-11 所示。

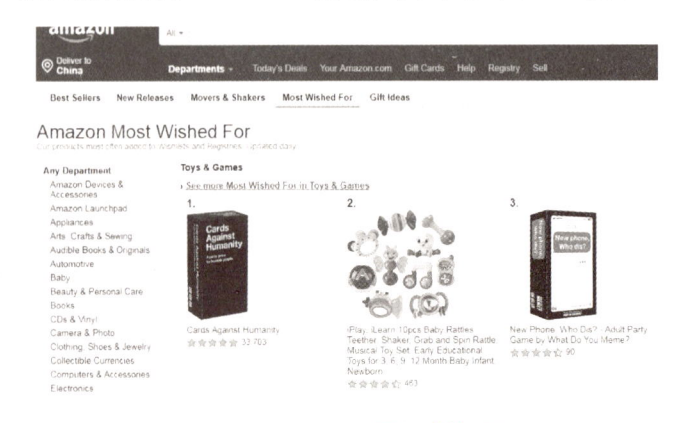

图 5-11　Amazon 愿望清单页面

5.3.6 亚马逊礼物榜（Amazon Gift Ideas）

亚马逊礼物榜是做礼物性质产品的卖家不可错过的榜单。很多消费者在给家人或朋友选购礼品的时候都会在这里购买。因为这里的产品不仅可以提前购买，还能在指定的时间送货，能让消费者省心，非常方便。

特别是节假日销售旺季的时候，这些作为礼品的产品销量会大幅度增长。如果不想错过一些西方节日的销售旺季，那么从这里参考选品也许是个不错的选择。Amazon 礼物榜页面如图 5-12 所示。

图 5-12　Amazon 礼物榜页面

任务总结

本任务介绍了 Amazon 平台的选品思路和方法，其内容导图如下。

```
                              ┌── 深入研究Amazon平台产品
                 Amazon新品开发原则 ── 如何确认产品
                              └── 如何改进产品

                              ┌── Amazon新品开发思路
Amazon选品 ── Amazon新品开发方法 ── Amazon新品市场调研
                              └── Amazon新品调研

                              ┌── 亚马逊搜索（Amazon Search）
                              ├── 亚马逊热销榜（Amazon Best Sellers）
                              ├── 亚马逊新品排行榜（Amazon Hot New Releases）
                 Amazon站内数据选品 ── 亚马逊销售飙升榜（Amazon Movers & Shakers）
                              ├── 亚马逊愿望清单（Amazon Most Wished For）
                              └── 亚马逊礼物榜（Amazon Gift Ideas）
```

任务拓展

一、任务布置

我们学习了亚马逊平台选品的方法，接下来要通过各种榜单进行选品并且分析产品能否上架。请各小组成员根据不同的榜单选择2～3款产品，并通过前面任务学习的获取产品的方式确定产品的市场。

二、任务步骤

第一步：各小组成员通过亚马逊榜单进行选品。

第二步：各小组成员在充分讨论与总结后，完成下面表格的填写。

Amazon 平台选品表

小组名称：

产品名称	排名	价格	星级	尺寸	竞争市场	采购价	上架日期	销售额预估

讨论过程中存在的疑惑：

第三步：挑选1～2个优秀小组的作品进行展示，通过团队总结与互评的方式分析存在的问题并进行总结和评价，完成下面表格的填写。

总结和评价表

小组名称：

任务总结	知识小结	
	团队收获	
任务评价		

任务实训

一、单选题

1. 在 Amazon 平台上，如果只看到用户评论数量上升，但产品销售排名却在下降，有可能存在（　　）情况。
   A．热卖　　　　　B．刷单　　　　　C．清仓　　　　　D．秒杀

2. 如果新手卖家要对一个已有品牌的产品进行跟卖，则需要进行以下哪项操作才合法？（　　）
   A．注册类似商标　　　　　B．拿到代理权或授权书
   C．直接跟卖　　　　　　　D．找同款填充

3. 对比热销榜那些竞争激烈且难以追赶的商品，以下哪个榜单最适合卖家选择？（　　）

A．Amazon Hot New Releases　　　　B．Amazon Movers & Shakers
C．Amazon Most Wished For　　　　D．Amazon Gift Ideas

二、多选题

1．通过商品的上线时间，卖家可以判断商品的哪些信息？（　　）
A．成本价　　　B．流行程度　　　C．生命周期　　　D．更新换代频率

2．在研究 Amazon Best Sellers 榜单的时候，卖家需要关注以下哪些方面的内容？（　　）
A．评论数量少　　B．排名蹿升快　　C．客单价偏高　　D．更新换代频率

3．卖家提升单品成单量的方法有（　　）。
A．加配件　　　B．换包装　　　C．换颜色　　　D．微创新

三、判断题

1．卖家可以通过 Amazon Top Sellers & Brands 榜单追踪行业大卖和品牌产品。（　　）

2．当一个产品开卖之后，代表这个产品的选品过程已经结束。（　　）

3．当卖家在研究热卖品的时候，需要选择那些品类数量多、排名上升快、客单价偏高的商品。（　　）

4．如果一个产品在一段时间内销售量比较高，但评论数量比较少，则该商品可能会成为爆款。（　　）

四、思考题

1．从 Amazon 平台的产品详情页分析下图所示的这款手表最近七天的销售情况，并根据数据分析它上架的可能性，同时找出它的不足之处并加以改进。

2．在 Amazon 平台的手表类目下，观察不同榜单中排名靠前的手表类型有哪些。简要分析原因并找出一两类你认为适合开发的产品。

3．请选择一款亚马逊平台中正在销售的电子手表产品，对产品排名与评论进行综合分析，同时对竞争对手的评论内容进行监控，了解消费者更深层次的需求，从不同的角度尝试改进此产品。

任务 6

速卖通选品

学习目标

【知识目标】

1. 了解速卖通平台的特点与功能；
2. 掌握速卖通站内大数据产品的使用方法；
3. 掌握速卖通后台各种选品工具的功能与运用。

【能力目标】

1. 能够利用速卖通数据纵横提供的数据进行精准选品；
2. 能够利用速卖通直通车进行精准选品；
3. 能够利用产品分析及类目挖掘进行选品；
4. 能够利用站内关键字进行选品。

【素质目标】

1. 具备在数据选品过程中严谨细致、精益求精的职业素养；
2. 树立知己知彼的战略意识，保持积极向上的经营心态；
3. 具备以人为本的职业素养，尊重公民隐私，遵守职业道德。

任务引入

速卖通是阿里巴巴旗下的一个跨境电商平台，在国际上可以说是中国的"淘宝"，外国网友也喜欢在这个平台上购物。马丽一直想要全方位了解外国人的购物习惯及喜好，加上速卖通后台有很多功能可以分析各种数据，如数据纵横，能让卖家知道当下搜索量和销量排名靠前的关键词有哪些，还有直通车、类目挖掘、站内关键词等，这些工具都可以帮助马丽选择适合外国人的服装。下面我们一起来研究速卖通平台的选品思路和方法,帮助马丽找到适合外国人穿搭的中国传统服饰,讲好中国故事、传播好中国声音。

▎任务实施

子任务 6.1　数据纵横选品

每一件爆款都有一个生命周期,像有些类目的产品更新的速度很快,卖家只有不断地培养新的爆款,才能让店铺一直保持优势。

对于产品的不同时期,卖家会采取不同的运营策略。

(1)选品期。开始科学选品的过程,可以通过站内和站外等多种渠道开展选品工作。

(2)成长期。通过店铺的自主营销、直通车及站外营销进行全渠道的营销推广。

(3)成熟期。当产品订单和流量进入稳定期,有一定的评价积累时,可以通过关联营销等方式提升店铺的客单价,利用好引入的优质流量。

(4)保护期。当成功地打造出一款爆款后,竞争对手也会开始培养类似的产品,此时竞争难度会增大,卖家需要提升自己产品的竞争力来保证稳定的订单。此时,作为市场的领先者,可以适当地降低价格,以巩固优势地位。

(5)衰退期。此阶段产品价格战会非常激烈,加上市场的需求降低和新产品的升级,订单和流量都会减少,这时需要卖家重新选品或优化。

每个跨境电商卖家都想打造出几个爆款,因为爆款为店铺带来的免费流量是不可估的,不仅能够提升店铺的自然流量,从而带动其他产品的销售,还能在新品初期抢占市场,提升销量,提升品牌形象。但是,应该怎样选择有潜力的产品呢?又如何优化产品让流量和订单得到提升呢?

通过速卖通平台提供的数据纵横功能,卖家可以了解行业情报(热搜、热销);可以通过选品专家,进行理性选品,精准设置关键词;可以进行商铺分析,找到经营短板,制定有针对性的营销策略。速卖通数据纵横的主要功能如图 6-1 所示。

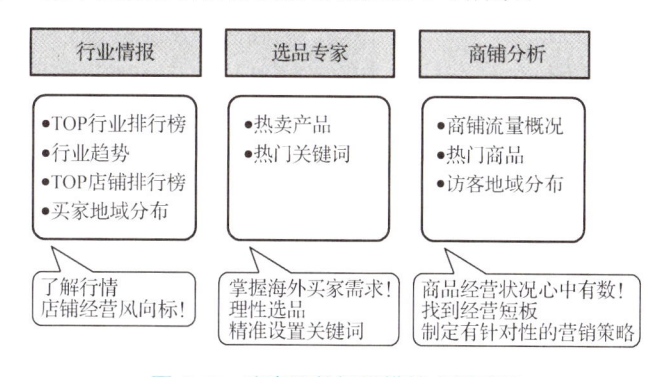

图 6-1　速卖通数据纵横的主要功能

下面重点讲解通过选品专家进行选品的方法。

在速卖通平台页面中单击"数据纵横"按钮,进入数据纵横页面,如图 6-2 所示。单击"选品专家"按钮,打开选品专家页面。

图 6-2　数据纵横页面

6.1.1　选品专家——热销

选品专家——热销主要是从行业、国家、时间的维度来看最近主要市场的热销品类、品类的热销属性，以及这些品类热销的特征、关联销售等信息。

1. TOP 热销产品词

TOP 热销产品词可以从行业、国家、时间的维度来查看 TOP 热销的品类。TOP 热销产品词页面如图 6-3 所示，图中圆圈越大，表示销量越高。颜色代表竞争情况，红色越深，表示竞争越激烈；蓝色越深，表示竞争越小（扫描二维码，可以查看图中的颜色，下同）。

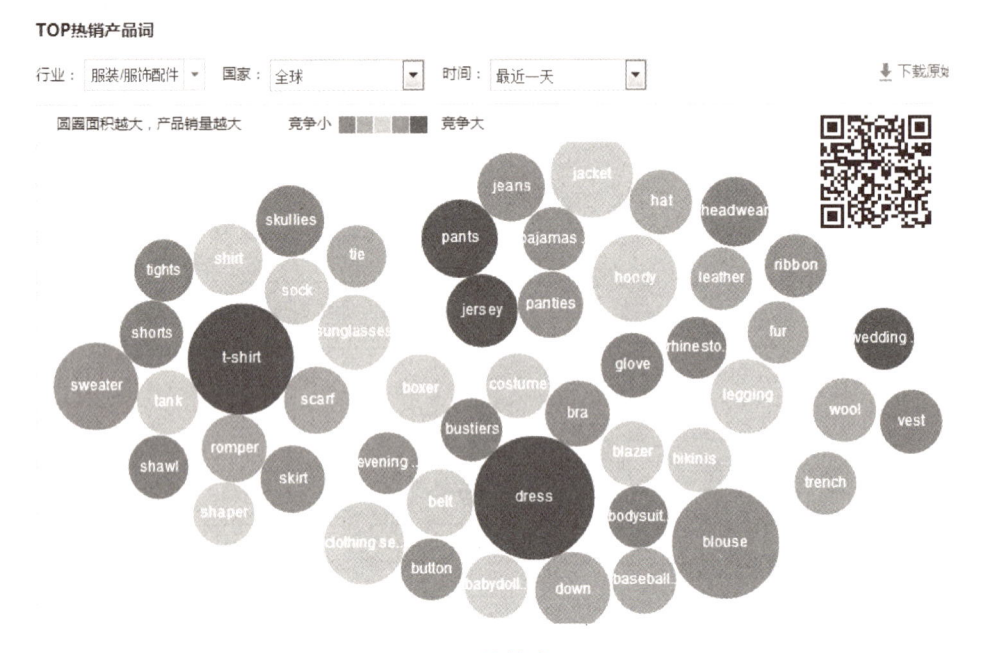

图 6-3　TOP 热销产品词页面

相关数据指标说明如下：

- 成交指数：在所选行业、国家、时间范围内，累计成交订单数经过数据处理后得到的对应指数。成交指数不等于成交量。成交指数越大，成交量越大。

- 购买率排名:在所选行业、国家、时间范围内,购买率的排名情况。
- 竞争指数:在所选行业、国家、时间范围内,产品词对应的竞争指数。竞争指数越大,竞争越激烈。

2. TOP 关联产品

TOP 关联产品是指买家同时浏览、点击、购买的产品。TOP 关联产品页面如图 6-4 所示,连线越粗,表示产品与产品间的关联越强,即买家同时浏览、点击、购买的人数越多。圆圈面积越大,表示销量越高。颜色表示竞争情况,红色越深,表示竞争越激烈;蓝色越蓝,表示竞争越小。

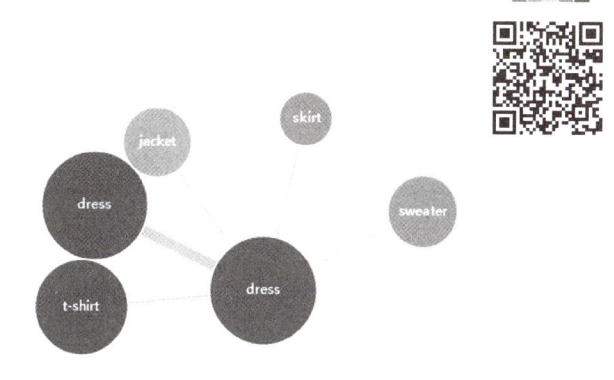

图 6-4 TOP 关联产品页面

3. TOP 热销属性

TOP 热销属性是指某个品类下热销的属性,如图 6-5 所示。单击"+"号可以展开 TOP 热销的属性值,单击"-"号可以收起属性值。展开后的属性值,圆圈面积越大,表示销量越高;同一类颜色在此图中只作为属性分类用。

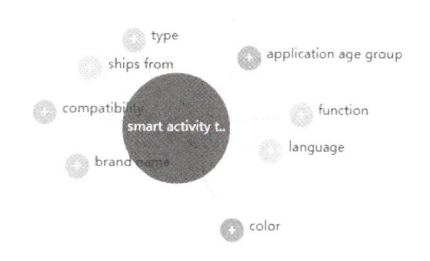

图 6-5 TOP 热销属性页面

"dress"的热销属性页面如图 6-6 所示,单击"+"号可以分析出下列属性值热销:
- 袖子长度:无袖。
- 面料:雪纺。
- 裙长:膝盖以上。
- 风格:mini 裙。

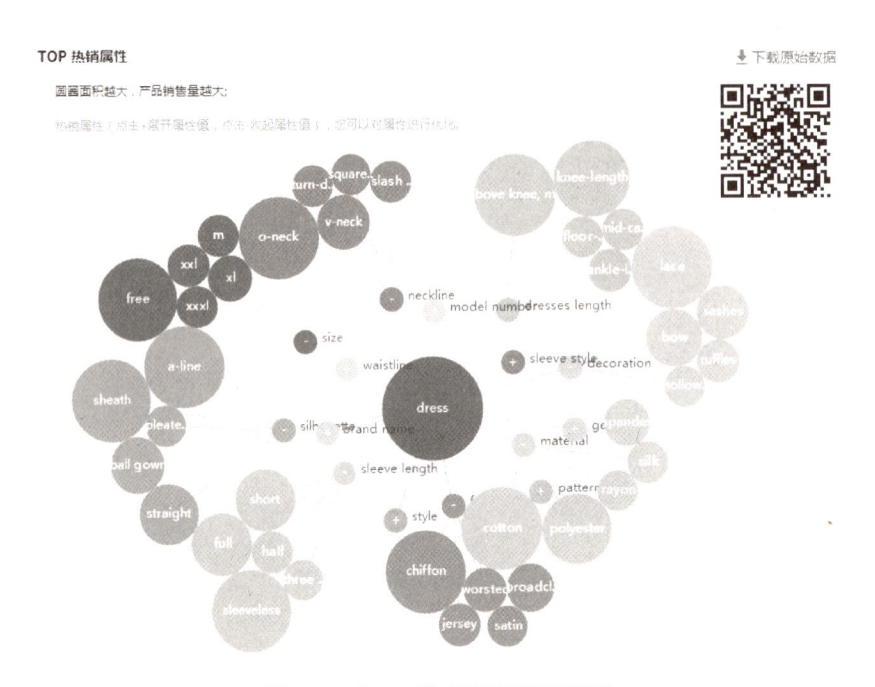

……

图 6-6 "dress"的热销属性页面

卖家可以结合自己产品特征,优化产品属性,提高买家找到产品的机会。同时,也可以了解目前产品的热销属性,方便选品。

4. 热销属性组合

热销属性组合是指某个品类下热销属性的组合,相同颜色代表一类产品,圆圈面积越大,表示销量越高。热销属性组合页面如图 6-7 所示。

单击圆圈,可以查看属性组合详情。例如,单击"Novelty"圆圈,弹出如图 6-8 所示的热销属性组合页面。这类产品的热销属性有带花的、蝴蝶结、蓬蓬裙、女童等。

查看热销属性组合,既可以在速卖通平台上查看此类产品特征,也可以在其他网站上搜索这类产品特征。

5. 热销综合指数计算公式

热销综合指数计算公式如下:

$$热销综合指数 = 成交指数 \div 支付转化指数 \div 竞争指数$$

对算出的热销综合指数进行降序排列,排名靠前的这些产品关键词的品类是我们要找的产品,这些产品相对来说更具有市场优势。

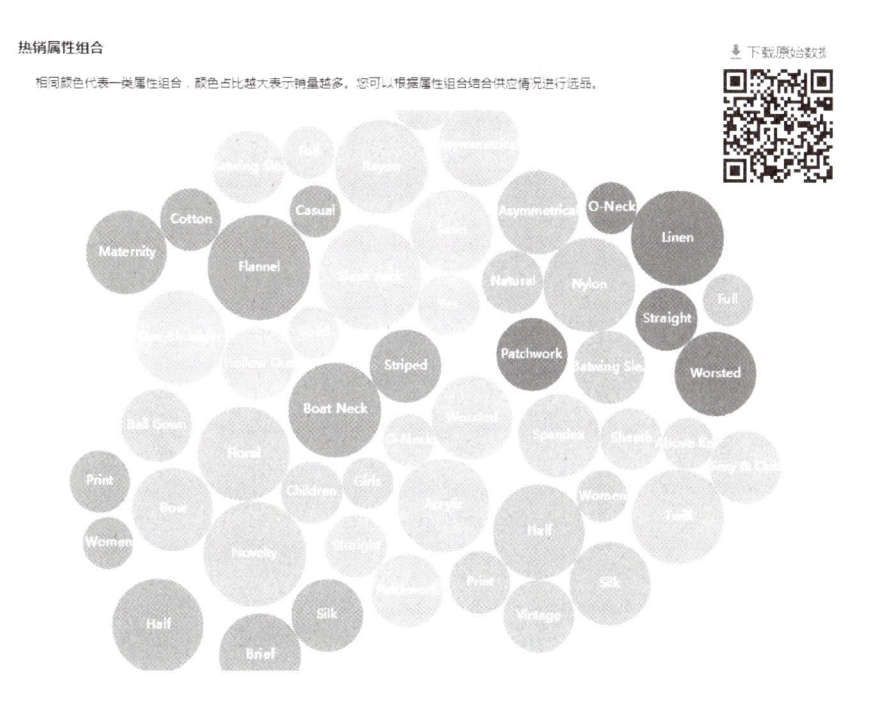

图 6-7　热销属性组合页面

图 6-8　热销属性组合页面

6.1.2　选品专家——热搜

热搜从行业、国家、时间的维度来看最近主要市场的热搜品类、品类的热搜属性及关联销售，卖家可以从这里查看买家在搜索什么样的产品。

1. TOP 热搜产品词

TOP 热搜产品词可以从行业、国家、时间的维度查看热搜产品词。TOP 热搜产品词页面如图 6-9 所示，圆圈面积越大，表示该产品词搜索量越大，销量越高。

图 6-9　TOP 热搜产品词页面

2. TOP 关联产品

TOP 关联产品页面如图 6-10 所示，圆圈面积越大，表示销量越高；连线越粗，表示搜索关键词 A，又搜索关键词 B 的买家越多。

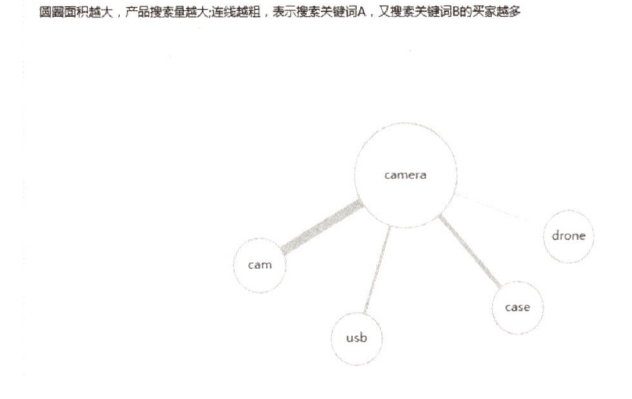

图 6-10　TOP 关联产品页面

3. TOP 热搜属性

TOP 热搜属性可以查看某个品类下的热搜属性。单击"+"号可以展开 TOP 热搜的属性值，单击"-"号可以收起属性值。点开后属性值的圆圈面积越大，表示搜索量越高；同一种颜色在此图只作为属性分类用。TOP 热搜属性页面如图 6-11 所示。

从图 6-11 可以看出，"coat"热搜的属性有如下特征：

- 材质：皮草、羊绒。
- 颜色：黑色。
- 外套长度：长款。
- 尺寸：4XL、XXL。

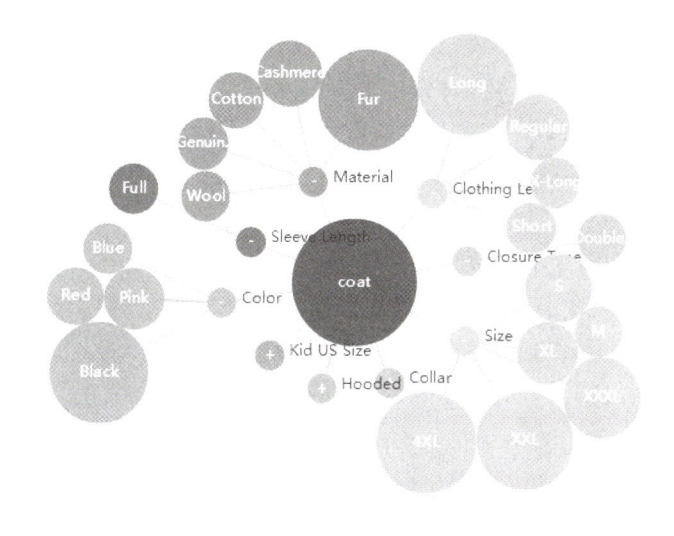

图 6-11　TOP 热搜属性页面

相关指标说明如下：

（1）搜索指数。在所选行业、国家、时间范围内，搜索该关键词的次数经过数据处理后得到的对应指数。搜索指数不等于搜索次数。搜索指数越大，搜索量越大。

（2）搜索人气。在所选行业、国家、时间范围内，搜索该关键词的人数经过数据处理后得到的对应指数。搜索人气不等于搜索人数。搜索人气越高，说明搜索的人越多。

（3）购买率排名。在所选行业、国家、时间范围内，该关键词购买率的排名情况。

（4）竞争指数。在所选行业、国家、时间范围内，关键词对应的竞争指数。竞争指数越大，表示竞争越激烈。

4. 热搜综合指数计算公式

热搜综合指数计算公式如下：

$$热搜综合指数 = 搜索指数 \div 支付转化指数 \div 竞争指数$$

对算出的热搜综合指数进行降序排列，排名靠前的这些产品关键词的品类是我们要找的产品，这些产品相对来说更具市场优势。

子任务 6.2　速卖通直通车选品

速卖通直通车（简称直通车）是快速提高店铺流量的引流工具，不仅可以增加产品的曝光量，吸引潜在买家，还可以自主设置全方位关键词，免费展示产品信息，是一种按照点击次数收费的网络推广模式。

6.2.1 直通车推广在选品时考虑的因素

1. 产品信息质量方面

（1）标题专业。须包含产品属性、销售方式等关键词。

（2）图片丰富。有 5 张及以上详细描述产品的图片，挑选一些清晰又能突出产品特色的图片作为主图。

（3）详细描述产品信息。产品信息包含产品功能属性、产品细节图片（细节图片上可增加文字说明）、支持的物流方式、售后服务等描述。

（4）价格优势。价格有优势的产品，可以帮助你的产品在直通车上展示时获得更多的点击和关注。

（5）包邮。包邮产品更受消费者欢迎。

2. 产品历史销量及转化率

产品历史销量及转化率数据可以在速卖通数据纵横中查到。卖家可以从客户下单和反馈都比较好的产品或者有价格优势的产品中挑选几个产品做尝试，在直通车上做一个计划，进行重点推广。

3. 产品好评率

一方面，对于点击进入产品详情页并浏览产品好评的买家，其下单的可能性更高；另一方面，在其他条件都相同的情况下，评分高的产品，其成交价更低。

选好产品后需要添加关键词。利用直通车关键词工具添加关键词时，不必考虑词标签，如"高订单""高转化"等。前期关键词可以多加一些，但要保证关键词与产品的关联性要强，要特别注意关键词与产品描述的一致性。在直通车上持续推广两周，然后再针对数据进行优化与调整。

6.2.2 直通车选品方法

直通车选品的目的是从新品中筛选潜力款。它分为两种选品方式：快捷推广计划和重点推广计划。快捷推广计划主要用来进行测款；重点推广计划主要用来打造爆款。直通车计划推广页面如图 6-12 所示。

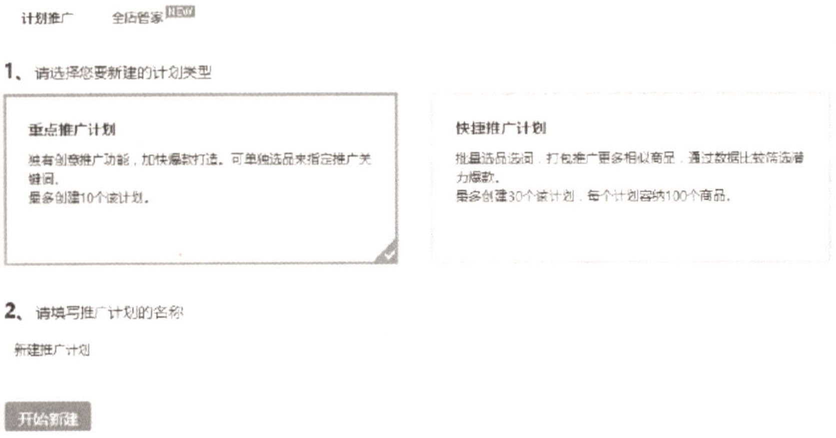

图 6-12 直通车计划推广页面

1. 快捷推广计划

快捷推广计划主要是指利用快速推广进行测款、批量选品和选词、打包推广更多相似产品的直通车推广方式。它能够通过数据比较,从而筛选潜力爆款,最多能够创建 30 个该计划,每个计划容纳 100 个产品。

快捷推广计划测款思路如下:

(1)选 5 ~ 10 款相同类目的产品,放在一个快捷推广计划里,尽可能多地把关键词加满,多加与其相匹配的流量词,让这些产品最大化地曝光;

(2)用 7 ~ 10 天的时间观察产品的数据变化,从产品的曝光量、产品的点击率、产品的收藏量、产品的销量及转化率等维度进行分析;

(3)挑出这些产品里表现最好的一款产品(高曝光量、高点击率、高收藏量),加入重点推广计划。

2. 重点推广计划

利用重点推广计划,卖家可以打造爆款。它独有的创意推广功能能加快爆款打造过程,也可以单独选品来指定推广关键词。重点推广计划最多可创建 10 个推广计划,每个重点计划最多包含 100 个单元,每个单元内最多容纳 1 个商品、200 个关键词。

重点推广计划思路如下:

(1)添加所有系统默认推荐的词;

(2)下载数据纵横搜索词分析里和产品匹配的词;

(3)酌情选择直通车关键词工具推荐的词;

(4)有些词需要通过创意标题进行良词推优;

(5)调整关键词的出价,保证爆款的曝光度。

加入推广计划页面如图 6-13 所示。

图 6-13 加入推广计划页面

6.2.3 直通车关键词工具

关键词工具选品是为了选出竞争小、热度高的产品。它是专门为速卖通直通车用户设计的找词工具,使用率达 70% 以上。

关键词工具使用方式包括按计划找词、按行业找词、自主输入关键词搜索等,同时还提供搜索热度、竞争度、市场价等参考信息。

在制作推广计划的时候，先进行关键词的搜索，然后在关键词中查找近 30 天的关键词，并按搜索热度和竞争度降序排列。最后从列表中选择搜索热度低、竞争度高的产品，这类产品的卖家相对较少，产品需求量较大。

子任务 6.3　产品分析及类目挖掘选品

6.3.1　产品分析

1. 精细化产品分析

（1）进入速卖通数据纵横页面，选择"商品分析"选项，打开商品分析页面，如图 6-14 所示。

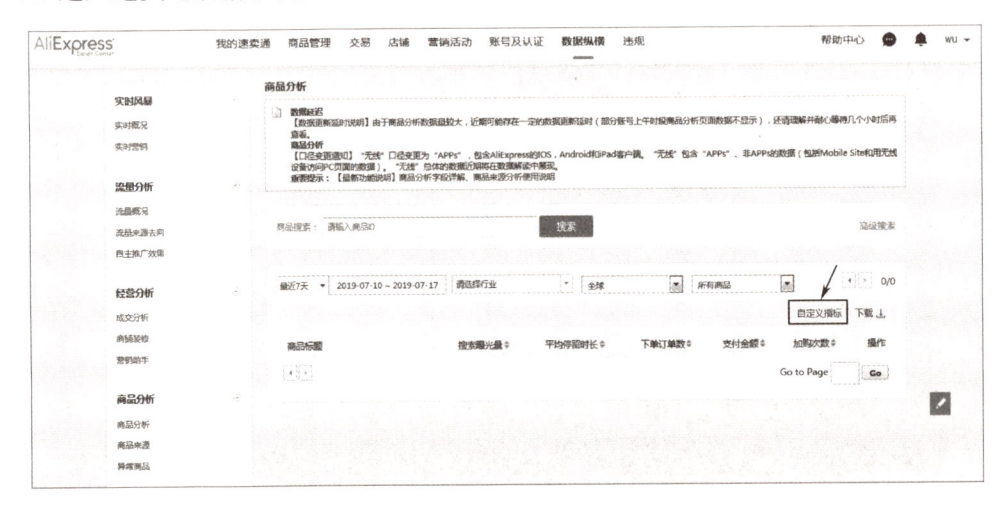

图 6-14　商品分析页面

（2）单击"自定义指标"按钮，在弹出的窗口中选择你需要自定义查询的指标，如图 6-15 所示。

图 6-15 中的指标是衡量产品好坏的重要标准。速卖通卖家做单品数据分析时需要关注的核心指标有搜索曝光量、商品页浏览量、商品页访客数、搜索点击率、浏览-下单转化率、平均停留时长、加购次数、加收藏夹人数等。

影响核心指标的因素如下：

- 搜索曝光量、商品页浏览量、商品页访客数这 3 个指标成正比关系，受自然排名影响最大。
- 搜索点击率的主要影响因素为产品主图、产品价格和产品标题。
- 平均停留时长的影响因素为产品详情页描述、产品特性、关联营销和产品视频。
- 浏览-下单转化率的影响因素为产品价格和产品详情页描述。
- 加购次数和加收藏夹人数的影响因素为产品价格、产品详情页描述及产品详情页引导。

2. 店铺产品核心指标

打开商品分析页面，按照类目、国家、产品和时间维度下载店铺内产品数据进行分析。单击"下载"按钮，如图 6-16 所示，可以导出表格进行处理，如图 6-17 所示。

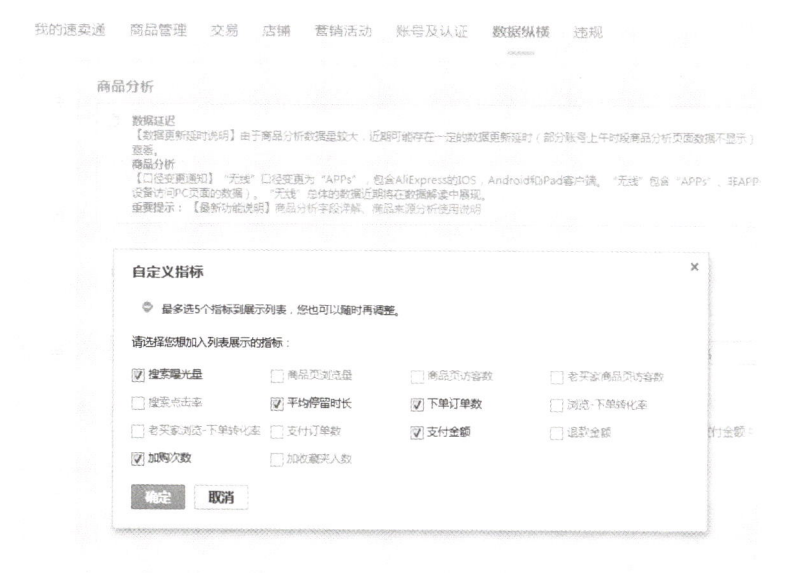

图 6-15　自定义指标页面

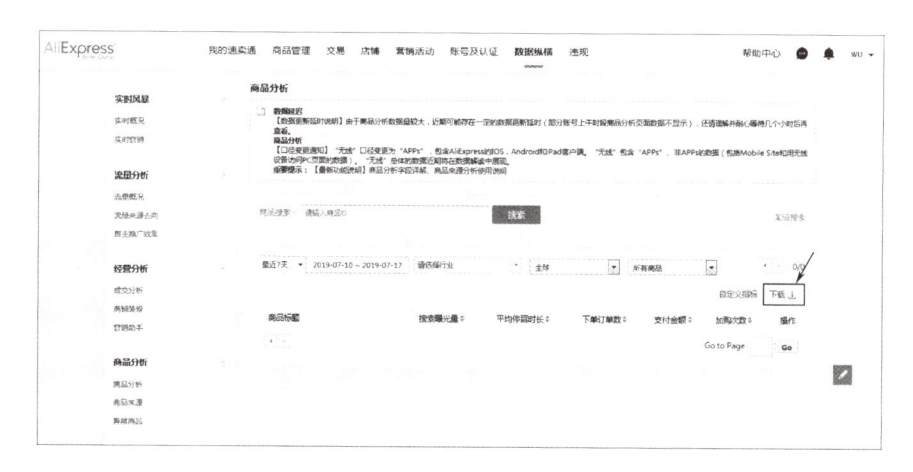

图 6-16　商品分析页面

图 6-17　产品分析数据表格（1）

在每一列中添加平均值，将表中高于平均值的数据用底纹突出显示，如图6-18所示。其中，购买意向=（加购物车人数+加收藏夹人数）÷UV。以购买意向为中间值将表格划分为两块：左边为优化产品参考数据，右边为挖掘潜力款参考数据。

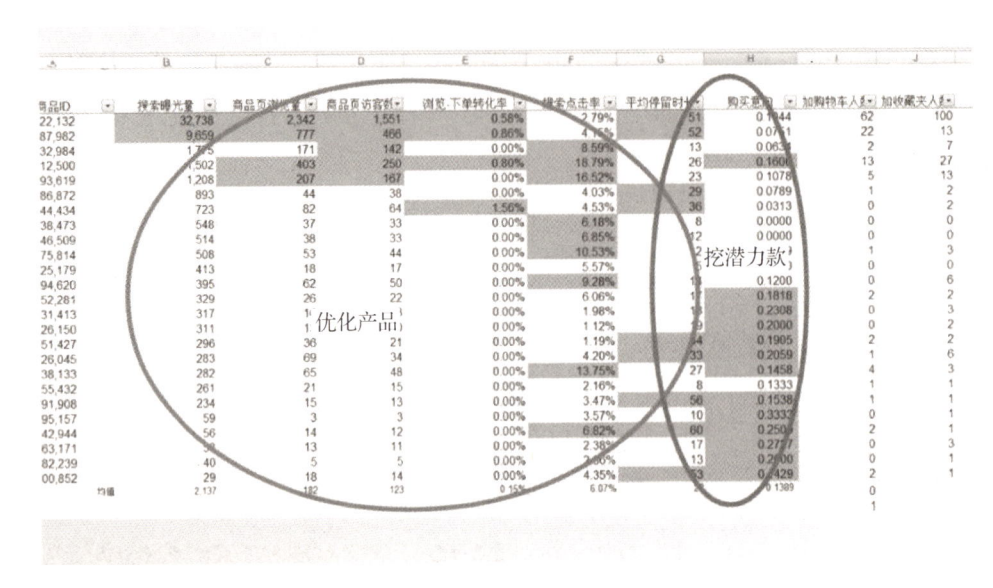

图6-18 产品分析数据表格（2）

6.3.2 类目纵向深挖

类目纵向深挖选品操作步骤如下：

（1）打开平台首页，在Categories列表中找到店铺产品所属的类目，将鼠标指向该类目，页面右边窗口会显示该类目的二级类目，如图6-19所示。

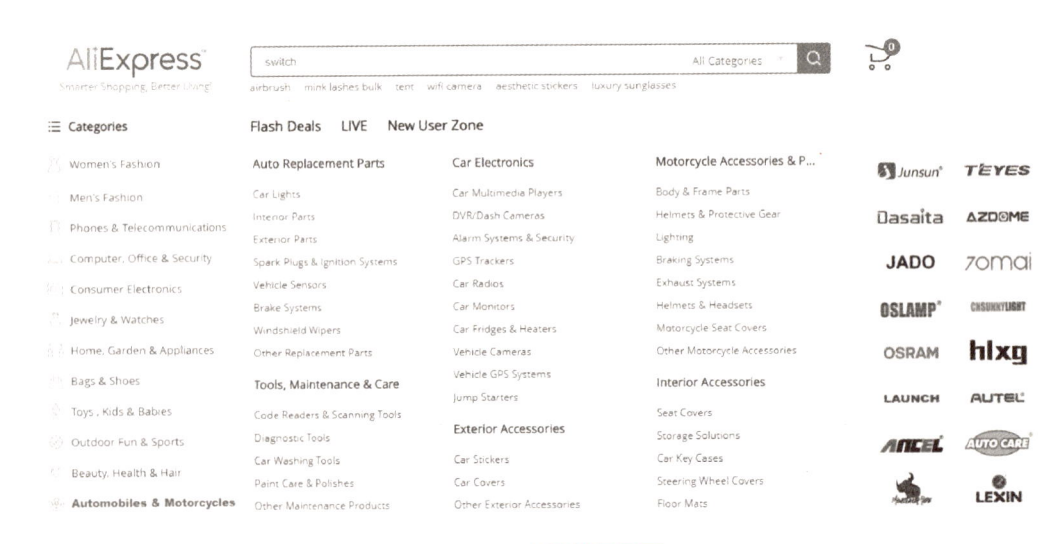

图6-19 查看类目页面

（2）在二级类目中，单击其中一个你感兴趣的类目，就会显示许多这个类目下卖得好的产品，如图 6-20 所示。

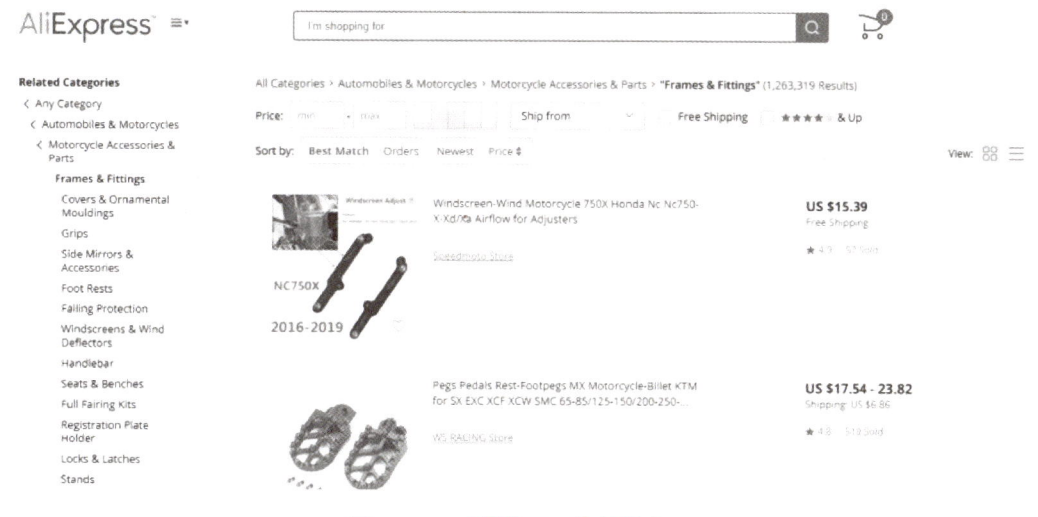

图 6-20　查看类目下的热销商品

（3）单击"Orders"按钮，可以查看该类产品成交量排序，如图 6-21 所示。

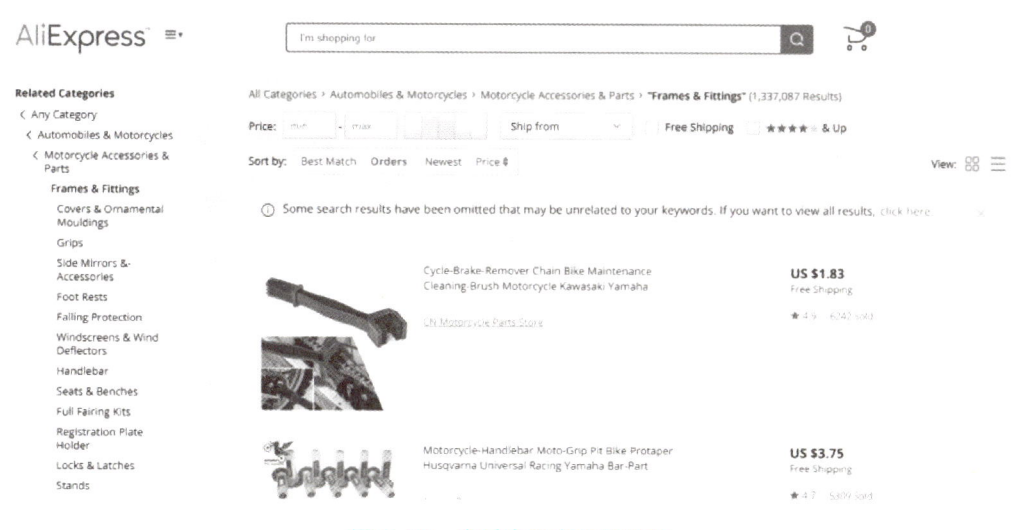

图 6-21　查看产品成交量排序

（4）打开历史销售记录，单击"Sort by latest"按钮，将销售记录更新到最新，如图 6-22 所示。查看近三天的销量总数，算出日均销量来预估一个月的销量。用预估的月销量和该产品的售价相乘，可以得出该产品的预估月销售额，以此来判断是否需要开发此类产品。如果开发，价格要比此产品更有优势，或者产品有差异（如某项功能更好）。

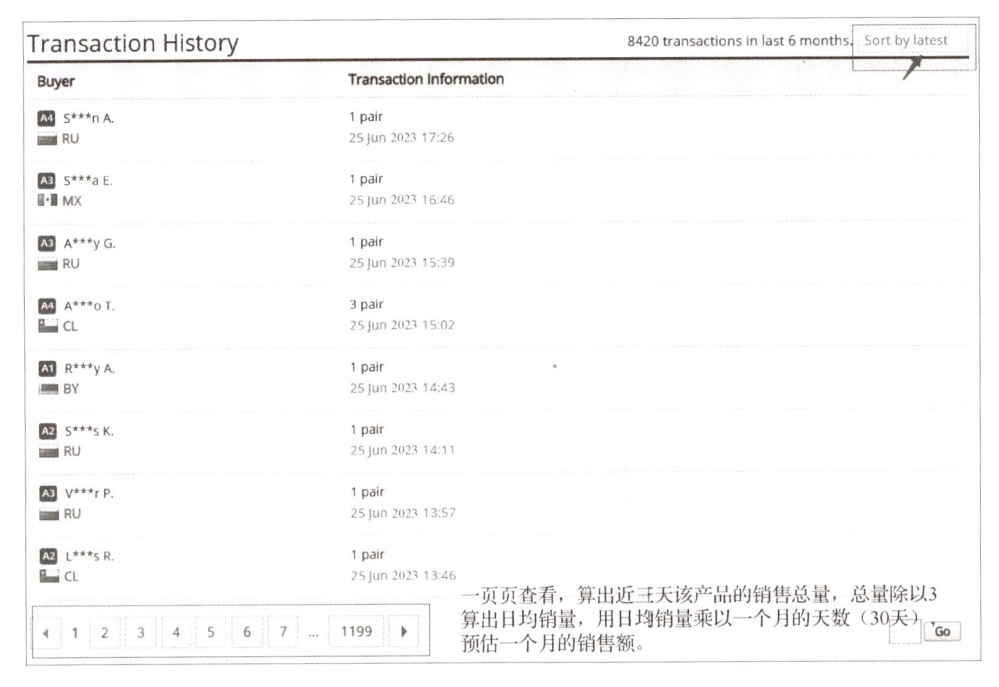

图 6-22　查看最新销售记录

子任务 6.4　站内关键词选品

站内关键词选品操作步骤如下：

（1）后台打开数据纵横页面，如图 6-23 所示。选择"搜索词分析"选项，打开搜索词分析页面，单击"热搜词"按钮，选择店铺主营行业，分析当前行业哪些搜索词是买家大量搜索且竞争小的品类，如图 6-24 所示。

图 6-23　数据纵横页面

（2）单击"下载数据"按钮，将搜索词分析的原始数据导出为 Excel 电子表格的格式，将"是否品牌原词"为"Y"的词从表格中删除，以免侵权。

（3）把浏览 - 支付转化率为 0% 的词筛选出来并删除。

（4）最后剩下的这些词，算出它们的综合指数，按降序对搜索词的综合指数排序，如图 6-25 所示，选择综合指数排名靠前、搜索指数较高但竞争指数偏低的搜索词。综合指数计算公式如下：

$$综合指数 = 搜索指数 \times 点击率 \times 浏览-支付转化率 \div 竞争指数$$

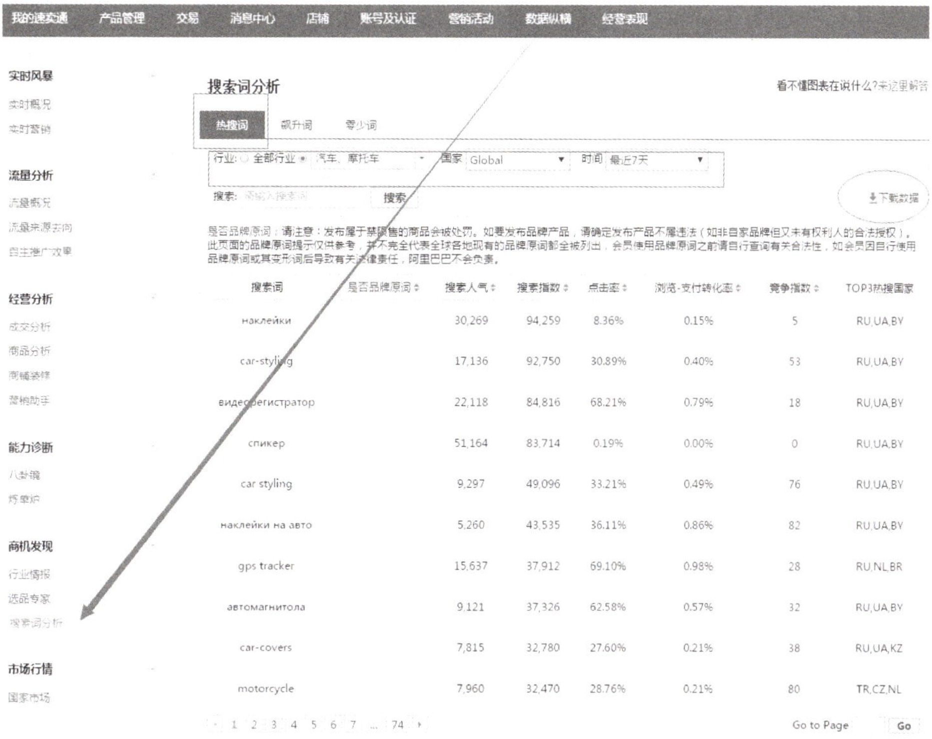

图 6-24　热搜词页面

NO.	搜索词	是否品牌原词	搜索指数	点击率	浏览-支付转化	竞争指数	TOP3热搜国	综合指数
1	видеорегистратор	N	84,550	68.36%	0.79%	18.00	RU,UA,BY	25.36706678
5	камера заднего вида	N	24,019	75.28%	1.51%	17.00	RU,UA,BY	16.06062931
27	алкотестер	N	10,506	65.28%	3.86%	19.00	RU,UA,BY	13.93321203
68	starline a91	N	6,809	34.50%	2.16%	5.00	RU,UA,KZ	10.1481336
3	gps tracker	N	37,908	69.11%	0.98%	28.00	RU,NL,BR	9.16937658
176	starline b9	N	3,125	51.02%	3.00%	7.00	RU,KZ,BY	6.833035714
11	fm transmitter	N	15,049	62.36%	3.08%	50.00	TR,CZ,HU	5.780886742
568	starline a6	N	946	63.39%	5.91%	7.00	RU	5.062923077
429	starline a9	N	1,478	50.00%	7.07%	11.00	RU,IL,UA	4.749754545
263	starline a61	N	2,249	35.11%	3.33%	6.00	RU,UA	4.382412645
4	автомагнитола	N	37,199	62.57%	0.57%	31.00	RU,UA,BY	4.279672952
535	anytek at66a	N	1,103	64.86%	2.36%	4.00	RU,UA,BY	4.22089422
33	антирадар	N	9,982	71.72%	0.91%	16.00	RU,KZ,BY	4.071732665
83	bluetooth aux	N	5,705	63.05%	3.11%	29.00	RU,TR,UA	3.857475095
8	парктроник	N	17,559	51.44%	1.56%	41.00	RU,BY,UA	3.436698872
525	7020g	N	1,163	85.90%	2.88%	9.00	RU,FR,RS	3.1968544
569	starline b6	N	942	65.22%	5.14%	10.00	RU	3.157874136
17	видеорегистраторы авт	N	13,353	70.49%	0.97%	30.00	RU,UA,BY	3.043384603
64	радар детектор	N	6,988	67.30%	1.46%	23.00	RU,BY,KZ	2.985334365
358	rcd330	N	1,726	79.87%	1.08%	5.00	RU,DE,FR	2.977681392
49	парктроник для авто	N	8,220	68.43%	2.07%	41.00	RU,BY,UA	2.839911761
46	fm модулятор	N	8,537	69.02%	1.68%	38.00	RU,BY,UA	2.604989166
79	антирадар для автомоб	N	6,043	83.96%	1.12%	22.00	RU,KZ,UA	2.582975971
559	7021g	N	991	82.71%	1.13%	4.00	RU,UA,NP	2.315528483
7	dash cam	N	17,620	57.92%	0.91%	41.00	US,NL,CA	2.265124059
501	преобразователь 12v дс	N	1,279	29.15%	0.58%	1.00	RU,UA,DE	2.1624053
333	aux bluetooth	N	1,880	69.38%	3.18%	21.00	RU,TR,BG	1.975149486
28	регистратор	N	10,506	60.70%	0.65%	22.00	RU,UA,KZ	1.884155591
598	junsun 7	N	804	84.26%	2.31%	9.00	RU,UA,AT	1.73878936
269	спиртометр	N	2,226	15.46%	1.01%	2.00	RU,UA,BY	1.73790498
172	автомобильный пылесо	N	3,178	79.93%	1.30%	20.00	RU,KZ,UA	1.65111401
302	roidmi	N	2,068	25.68%	0.90%	3.00	RU,UA,ES	1.5931872
130	радар детектор для рос	N	3,852	91.32%	1.07%	24.00	RU,BY,VN	1.56828402
9	2 din	N	17,213	75.08%	0.49%	45.00	RU,UA,BR	1.407227777

图 6-25　降序排序搜索词的综合指数

任务总结

本任务介绍了速卖通平台的选品思路和方法,其内容导图如下。

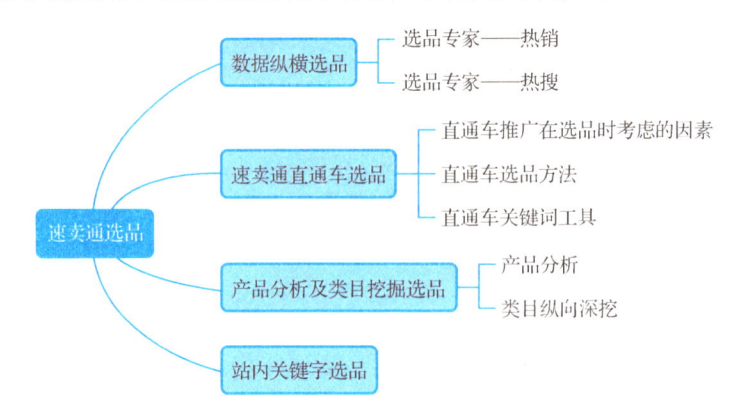

```
                         ┌── 数据纵横选品 ──┬── 选品专家——热销
                         │                  └── 选品专家——热搜
                         │
                         │                  ┌── 直通车推广在选品时考虑的因素
                         ├── 速卖通直通车选品 ┼── 直通车选品方法
    速卖通选品 ──────────┤                  └── 直通车关键词工具
                         │
                         ├── 产品分析及类目挖掘选品 ┬── 产品分析
                         │                          └── 类目纵向深挖
                         │
                         └── 站内关键字选品
```

任务拓展

一、任务布置

假设你有一家速卖通店铺,店铺的经营范围是母婴玩具。现根据运营情况需要丰富店铺经营的种类和产品,你会利用速卖通平台的哪些数据工具进行选品?如何使用这些数据工具进行选品?如何通过直通车计划测品及打造爆款产品?速卖通平台上有哪些可以利用的第三方选品工具?

二、任务步骤

第一步:各小组成员利用速卖通平台的数据工具选取3~5款产品并建立相应产品的关键词库,讨论如何通过直通车创建推广计划对这些产品进行测试,挑选适合打造爆款的产品。

第二步:各小组成员在充分讨论后,完成下面表格的填写。

速卖通选品记录表

小组名称:

选品方法	选品方式	选品步骤	讨论结果及分析
类目选品	Categories 选品	步骤1: 步骤2: 步骤3:	
类目选品	Top Rankings 选品	步骤1: 步骤2: 步骤3:	
生意参谋选品	市场大盘选品	步骤1: 步骤2: 步骤3:	
生意参谋选品	国家分析确定目标国家	步骤1: 步骤2: 步骤3:	

续表

选品方法	选品方式	选品步骤	讨论结果及分析
生意参谋选品	搜索分析选品	步骤1：	
		步骤2：	
		步骤3：	
	选词专家选品	步骤1：	
		步骤2：	
		步骤3：	
	选品专家选品	步骤1：	
		步骤2：	
		步骤3：	
直通车选品、测品	选取一个或多个产品	产品链接：	
	创建智能推广计划	步骤1：	
		步骤2：	
		步骤3：	
	创建快捷推广计划	步骤1：	
		步骤2：	
		步骤3：	
	创建重点推广计划	步骤1：	
		步骤2：	
		步骤3：	
	关键词工具使用	步骤1：	
		步骤2：	
		步骤3：	

第三步：结合各小组成员的讨论结果，对如何使用生意参谋选品、如何创建速卖通直通车计划选品、测品进行总结，分析速卖通平台数据工具的适用场合和适用差异，总结不同计划的使用场景。

第四步：各小组成员通过使用速卖通平台数据、直通车逛逛计划测品及第三方工具测试的结果，选出3个产品填入下面的表格中，并说明原因。

产品选取表

小组名称：

产品名称	产品链接	选取原因
名称1：	链接1：	
名称2：	链接2：	
名称3：	链接3：	

第五步：挑选 1～2 个优秀的小组作品进行展示，通过团队互评与总结方式分析存在的问题并进行总结和评价，完成下面表格的填写。

总结和评价表

小组名称：

任务总结	知识小结	
	团队收获	
任务评价		

任务实训

一、单选题

1. 速卖通数据纵横模块的商铺分析不包括（　　）。
   A．商铺流量　　　B．热门商品　　　C．访客地域分布　　　D．用户消费金额
2. 速卖通数据纵横模块的行业情报不包括（　　）。
   A．TOP 行业排行榜　　　　　　　B．行业趋势
   C．TOP 店铺排行榜　　　　　　　D．买家群体
3. 直通车快速推广计划最多可以创建多少个计划？（　　）
   A．30　　　　　B．40　　　　　C．50　　　　　D．60
4. 速卖通店铺的客户成交转化率的主要影响因素有（　　）。
   A．产品价格　　　B．产品主图　　　C．产品详情页描述　　　D．产品标题

二、多选题

1. 速卖通直通车关键词工具包含（　　）。
   A．按计划找词　　　　　　　　　B．按行业找词
   C．按人群找词　　　　　　　　　D．自主输入关键词搜索
2. 直通车推广在选品时针对商品信息质量要考虑的因素有哪些？（　　）
   A．价格优势　　　B．标题专业　　　C．图片丰富　　　D．描述详细
3. 速卖通卖家做单品数据分析时需要关注的核心指标有（　　）。
   A．搜索曝光量　　　　　　　　　B．商品页访客数
   C．加购次数　　　　　　　　　　D．搜索点击率
4. 速卖通卖家在做单品数据分析时，影响核心指标的因素有（　　）。
   A．产品质量　　　　　　　　　　B．产品主图、产品价格和产品标题
   C．产品详情页描述　　　　　　　D．产品视频

三、判断题

1. 速卖通的选品专家数据分析中，指数越大，竞争越激烈。（　　）
2. 速卖通的选品专家热搜功能中，在所选行业、所选时间范围内，搜索该关键词的次数经过数据处理后得到的对应指数即为搜索指数。搜索指数等于搜索次数。指数越大，搜索量越大。（　　）
3. 速卖通直通车选品的目的是从新品中筛选潜力款，它分为两种选品方式：快捷推广

计划主要用来打造爆款；重点推广计划主要用来进行测款。（　　）

四、思考题

1．运用速卖通数据纵横和速卖通直通车工具，选择 5 款你认为最具竞争力的商品，并结合速卖通站内关键词和选品专家中的热销、热搜工具，选择 10 个有潜力爆款的关键词。

2．打开速卖通卖家后台的"数据纵横—选品专家"页面，选择"运动及娱乐"选项，单击"热销"按钮，找到此品类中销量最高、竞争最激烈的产品，分析其成交指数、购买率排名及竞争指数等相关数据。

3．打开速卖通卖家后台的"数据纵横—商品分析"页面，首先，选择 5 个你想查询的指标，进行精细化产品分析；然后，按照类目、国家、产品和时间维度导出产品数据，进行产品核心指标分析。

任务 7

Wish 选品

学习目标

【知识目标】
1. 了解 Wish 平台的特点及核心竞争力；
2. 掌握 Wish 平台不同维度选品的技巧与方法。

【能力目标】
1. 能够利用 Wish 后台数据的功能及用法进行精准选品；
2. 能够通过 Wish 站内各种数据分析进行精准选品。

【素质目标】
1. 树立正确的价值观，采取合理正当的手段在竞争中获得优势；
2. 具备品牌保护意识，依法维护自身权益；
3. 具备探索精神，善于从海量数据中挖掘对商家有价值的商业信息。

任务引入

Wish 是随着跨境电商行业兴起而发展起来的平台，其发展势头不亚于 Amazon 和速卖通，突然崛起肯定有其过人之处。马丽在 Wish 平台探索她的选品之道，想通过"喜好""节日""产业带""自然环境因素""消费水平"等维度和站内数据进行精准选品。下面我们一起对 Wish 后台数据的功能及用法进行分析、研究，帮助马丽的中国传统服饰在 Wish 平台上取得一席之地，以营造市场化、法治化、国际化的一流营商环境。

任务实施

子任务 7.1　Wish 选品之道

当我们进入网店主页时，可以看到琳琅满目的产品。这些产品是如何布局的呢？没有人会随机选品，但为什么竞争对手卖得更多？订单数量更多？好评率更高？这些都表明，竞争对手在选品上更加谨慎。因此，我们必须考虑选择什么样的产品来迎合消费者的需求，从而带来更好的销量，获得更高的订单量和利润。Wish 平台店铺运营亦是如此，卖家必须正确选择用于日常运营的产品。那么，这又该如何运作呢？

我们可以通过 Wish Top 提供的各种数据分析工具来选品；可以根据用户的性别、年龄、移动终端的特点来选品；可以基于某个国家对流行趋势的偏好来选品。

7.1.1　Wish 平台特点及核心竞争力

与其他平台不同的是，Wish 平台是一个基于移动端的购物 App，它最大的一个特点就是能够实现信息精准推送。Wish 平台弱化了搜索功能，强调个性化推送，不同的人在 Wish 平台上看到的产品是不一样的。这种个性化的推送服务可以给买家提供非常愉悦的购物体验。

1. 将产品与用户进行匹配

Wish 平台会根据用户的兴趣特征、社会属性、自然属性，把每个人贴上不同的用户标签，把用户标签与用户需求标签、产品标签进行匹配。

兴趣特征包括个人的兴趣点、爱好及心理特征；社会属性包括用户的教育程度、人生阶段及职业身份；自然属性包括性别、年龄及星座等。

2. 推送产品时的要求

由于 Wish 平台能够通过 Facebook 账号、谷歌邮箱账号直接登录，所以 Facebook、谷歌用户平时的习惯、个人爱好、使用平台等信息都会被记录，Wish 平台会对这些用户进行详细的分类。

因此，卖家推送产品的时候，要求符合 Wish 消费群体的需求；编辑产品的时候，标签要考虑用户需求与产品是否匹配。

7.1.2　根据喜好选品

由于 Wish 平台 80% 的订单都是来自美国用户，所以下面主要根据美国消费者的需求、生活习惯、兴趣爱好来分析如何选品。

1. 美国消费者喜欢的颜色和图案

美国消费者喜欢青蓝色，喜欢带有老鹰的图案。

除美国以外，欧洲一些发达国家的订单量也比较多。这个时候我们可以根据不同国家消费者的喜好等信息，选择产品进行上架。这类产品出单、爆单机会比较大。所以选品时，在颜色和图案上要格外注意。

2. 美国消费者喜欢的运动

美国消费者喜欢的运动包括橄榄球、篮球（NBA）。针对这种喜好，我们可以选择一些和此类运动相关的产品，如绷带、牙套等。

Wish 平台的消费者大部分是 80 后、90 后这类人群，喜欢跑步、骑自行车和在家做瑜伽等运动。所以，与运动相关的产品，如臂袋、自行车上发光的 LED 灯等，也会受到消费者的喜爱。

3. 美国消费者的生活

美国消费者节假日喜欢家庭聚会、野营，平时下班也喜欢去夜店等场所。这样的生活方式也带给卖家更多机会。比如，与家庭聚会相关的产品有家庭装饰品、厨房小工具等；与野营相关的产品有硅胶红酒杯、充气沙发、防水手电筒等户外用品；与夜店相关的产品有美容化妆品、夜店服装等。

4. 美国消费者的文化娱乐

通过美国电视剧和美国影片衍生出的产品有很多，一般销量都不错，也很容易成为爆款。

7.1.3 根据节日选品

无论是在国外还是国内，每个季节的特定的节日都有一些特定的产品会热销。国外节假日中一些有特点的产品如下：

- 情人节期间热销的产品：手表、箱包、巧克力、饰品、珠宝等。
- 复活节期间热销的产品：服装、美容化妆品、装饰品、园艺产品、户外用品等。
- 母亲节与父亲节期间热销的产品：时尚饰品、水上运动产品、珠宝、食品、手表、箱包、礼品、贺卡、电子产品等。
- 劳动节期间热销的产品：服装、装饰品、美容美妆产品等。
- 万圣节期间热销的产品：特色服装、Cosplay 饰品、毛绒玩具、体育用品、南瓜灯等。
- 感恩节期间热销的产品：毛绒玩具、礼品、装饰品、家用电器、美容化妆品、厨房小工具等。
- 圣诞节期间热销的产品：鞋、服装、取暖工具、饰品、珠宝、滑雪设备、电子设备等。

7.1.4 根据产业带选品

Wish 平台上什么样的产业带生产出来的产品受欢迎？如表 7-1 所示为六大产业带生产的产品，可以为卖家提供一定的选品方向。

表 7-1　六大产业带

序　号	产　业　带	生产的产品
1	义乌产业带	百货、文教产品、饰品、工艺品
2	温州产业带	女鞋、小商品、教具、箱包皮具
3	广州产业带	3C 电子产品、箱包、鞋服、男装
4	佛山产业带	童装、内衣、文胸
5	杭州产业带	童装、女装（主要走欧美风，在 Wish 平台销量高）
6	宁波产业带	小家电、日用百货、家纺用品

7.1.5 根据自然环境因素选品

美国几乎包括全球所有的气候类型（寒冷、温暖、炎热等），气候以温带大陆性气候为主，地形对气候有重要影响。由于地域辽阔，地形复杂，气流不同，不同地方的气候有较大的差异：当南部地区是鲜花盛开的季节时，北部地区仍然是寒冷的气候。

因此，从 T 恤到雪地靴，卖家都可以将其视为选品对象。如果在马来西亚销售雪地靴，肯定是卖不出去的。除了解一般气候以外，作为卖家还需要了解美国消费者的实际情况。例如，美国人喜欢冬天穿薄 T 恤，并在外面穿夹克衫。如果在比较热的区域，他们喜欢脱下夹克。所以，作为卖家不能在冬天把所有薄款衣服都下架，只出售毛衣和厚外套。

7.1.6 根据消费水平选品

在美国，不同地区的居民收入水平是不同的，有些发达地区的居民消费水平较高。因此，作为卖家可以适当提高这些地方的客单价，而中部地区的居民消费水平较低，他们更喜欢实用且便宜的商品。

子任务 7.2 Wish 站内数据选品

7.2.1 Wish Top 主要市场分析

首先我们分析 Wish Top 的全球销售额的比例。如图 7-1 所示，美国、法国、巴西、德国、瑞典在全球销售额比例中位列前五名，而这其中最值得卖家关注的国家是巴西。作为发展中国家市场，其销售额能够与众多发达国家市场相比，这暗示着其比其他地区更具备市场开发的潜力。因为相比发达国家成熟的零售网络体系和消费者稳定的消费习惯，发展中国家的消费者，无论是品牌升级或品质提升，都能给卖家提供更广阔的选品空间。如果卖家了解这个机会，了解巴西人喜欢和需要的产品有哪些，这将能够帮助卖家尽快占领这个具备巨大开发潜力的市场。

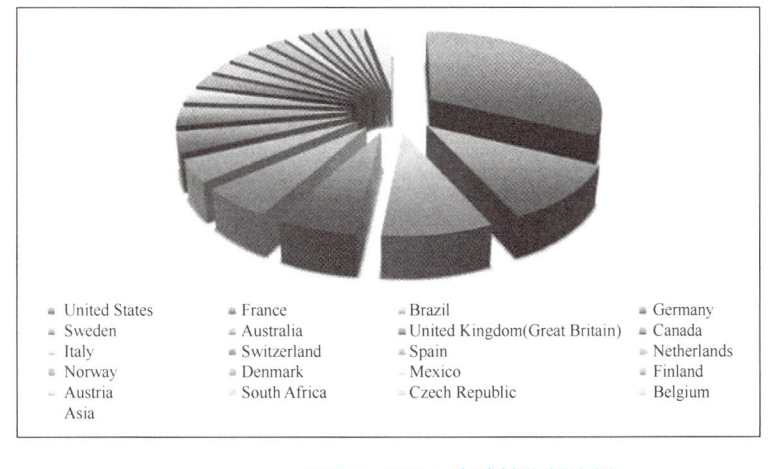

图 7-1 Wish 全球销售额比例

但无论如何，美国和法国的比例相对稳定并且占比较大，这意味着如果商店要保持稳定的销售业绩，就不能无视这两国的市场，必须继续巩固。接下来我们将以拥有最大市场份额的美国为例讲述如何选品。

7.2.2 Wish Top 类别销售分析

在 Wish 买家端 App 上有一个品类导航栏，显示目前热销的产品品类。这个导航栏是动态变化的，系统每增加一个品类，即代表该品类处于上升趋势，是用户需要的产品品类。Wish 品类导航栏如图 7-2 所示。

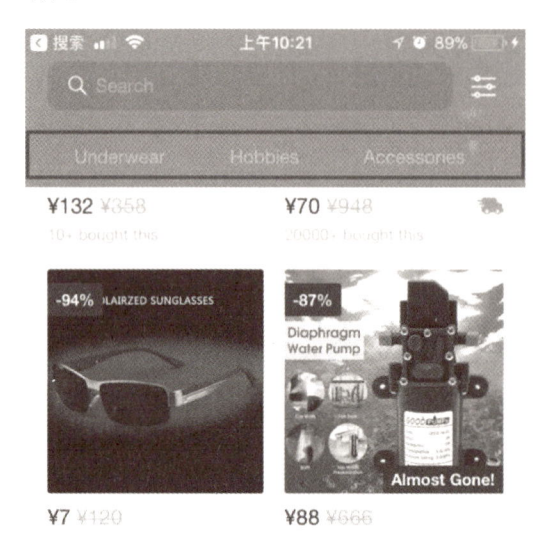

图 7-2　品类导航栏

如图 7-3 所示为热卖分类占比统计图，从中可以看出排在前三名的分别为 Fashion、Gadgets、Home Decor。这意味着这三类产品都是消费者的最爱，从某种意义上讲，选择这些产品可以保证店铺的销量。当然，随着市场的变化，肯定有一些品类的产品在减少，有些品类的产品在增加。

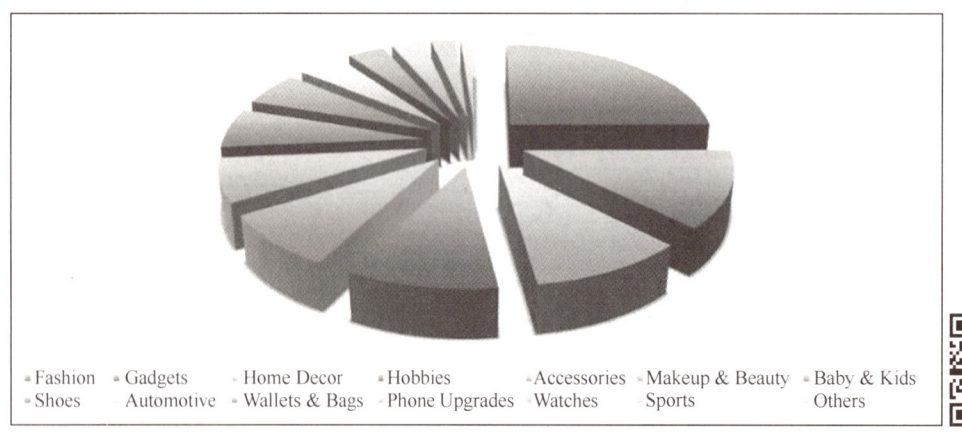

图 7-3　热卖分类占比统计图

那么，如何知道哪些品类在 Wish 上卖得好呢？建议卖家下载 Wish 买家端 App 应用程序。该应用程序的顶部有一栏指示每个类别的销售状态，仔细研究各品类的增长速度，将有助于我们更好地在 Wish 平台上选品。

7.2.3　Wish 平台用户年龄分析

Wish 平台的主要消费者的年龄在 15～34 岁，女性用户多于男性用户，Wish 平台男女使用比例及年龄分布如图 7-4 所示。从图中可以看出，主要消费群体为年轻女性。年轻女性更喜欢精美的产品，因此选择的产品必须符合女性的审美要求。

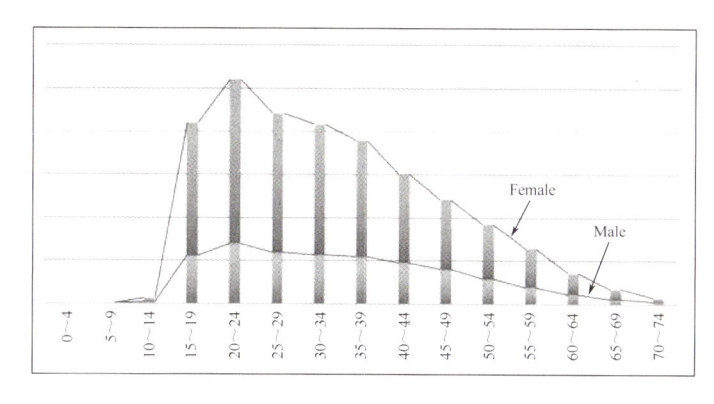

图 7-4　Wish 平台男女使用比例及年龄分布

这里提示卖家要站在消费者的角度思考问题，建议卖家多花时间研究 15～34 岁的人群喜欢什么样的生活圈子、热衷什么样的文娱活动、向往什么样的生活方式、看重什么样的购物体验、具备什么样的消费能力、愿意为什么样的产品花钱等。

鉴于女性用户多于男性用户，且女性用户热衷于"逛"的特点，卖家除要多开发女性喜欢的产品以外，还需要以女性的审美标准优化产品图片，吸引女性在"闲逛"中冲动下单。此外，虽然男性用户数量少于女性用户，但男性用户的消费能力也不容忽视，卖家可以开发更多男性喜欢的高客单价产品。

当然，卖家还需要分析不同年龄段的客户需求，为不同年龄的客户推荐他们需要的产品。例如，14～20 岁的学生没有经济来源或收入较低，可以为他们推荐低价格的新奇产品；20～24 岁初入职场的人或年轻父母喜欢时装、母婴产品等；24～34 岁的客户有一定的经济基础，也有自己的消费理念，他们更注重商品的质量，更加喜欢正装及 3C 类的产品；超过 34 岁的客户，往往拥有多重身份，并且有着广泛的需求，他们会对与户外运动、家庭花园相关的优质产品更感兴趣。不同年龄段的客户需求如图 7-5 所示。

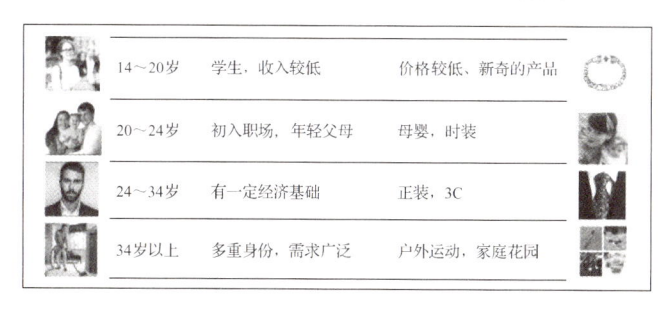

图 7-5　不同年龄段的客户需求

7.2.4　Wish 垂直类 App

卖家既要关注用户的偏好和销售数据，也要关注 Wish 平台的开发和运营思路。除 Wish App 以外，Wish 平台还相继推出了 Geek、Mama、Cute、Home 4 款垂直类 App。这 4 款垂直类 App 包括的类目产品能满足用户的需要，也深受用户的喜爱。通过观察垂直类 App 的产品，卖家也可以对平台的发展趋势有所了解。当卖家在后台发布 3C 类产品时，产品会同时出现在 Wish App 和 Geek App 上，从而实现两次曝光。因此，这几款垂直类 App 也是卖家需要关注的对象。Wish 平台开发的 App 如图 7-6 所示。

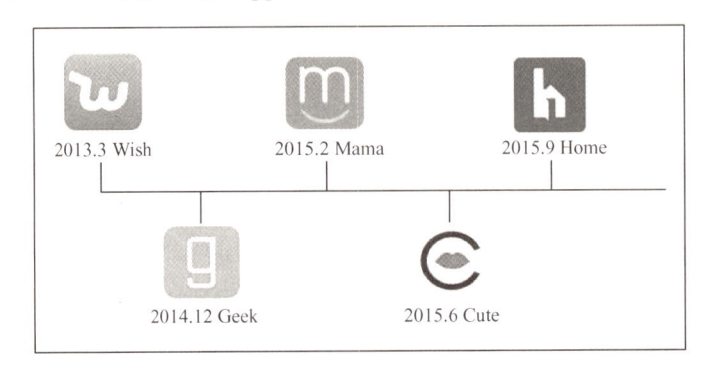

图 7-6　Wish 平台开发的 App

任务总结

本任务主要介绍了 Wish 平台的特点，以及如何通过 Wish 站内各种数据进行选品的方法，其内容导图如下。

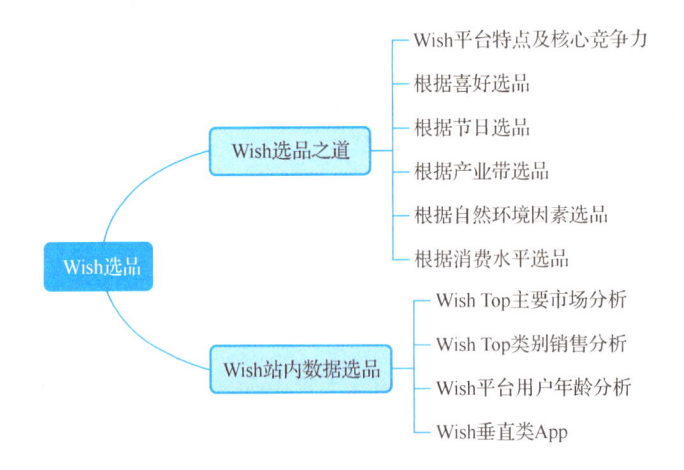

- Wish选品
  - Wish选品之道
    - Wish平台特点及核心竞争力
    - 根据喜好选品
    - 根据节日选品
    - 根据产业带选品
    - 根据自然环境因素选品
    - 根据消费水平选品
  - Wish站内数据选品
    - Wish Top主要市场分析
    - Wish Top类别销售分析
    - Wish平台用户年龄分析
    - Wish垂直类App

任务拓展

一、任务布置

通过学习 Wish 平台选品方法，我们能够依托 Wish 平台瀑布流进行精准推送，依托 Wish 平台站内数据开展选品工作，现请你利用所学知识为经营男装类产品的 Wish 店铺挑选 3～5 款产品。

二、任务步骤

第一步：各小组成员根据 Wish 平台的特征，运用根据喜好选品的方式，列举面向巴西市场的选品逻辑。

根据喜好选品表

小组名称：

类　目	具体内容
喜欢的颜色、图案	
喜欢的运动	
喜欢的生活	
喜欢的文化与娱乐	

第二步：各小组成员经过充分讨论后，对接我国制造业产业带，列举 3 家男装产品供应商名称及其所属产业带，完成下面表格的填写。

根据产业带选品表

产业带名称	选品理由
名称 1：	理由 1：
	理由 2：
名称 2：	理由 1：
	理由 2：
名称 3：	理由 1：
	理由 2：
讨论结果及分析：	

第三步：结合各小组成员的讨论结果，对如何使用 Wish 平台瀑布流进行精准推送、如何依托 Wish 平台站内数据开展选品工作进行总结，分析 Wish 平台不同选品方法的逻辑与使用场景。

第四步：各小组成员通过运用 Wish 平台品类导航栏进行服装产品销售分析，试选出 3 款产品并说明面向巴西男装市场的人群特征，完成下面表格的填写。

站内数据选品表

小组名称：

产品名称	销售情况分析	人群特征
名称 1：		
名称 2：		
名称 3：		

第五步：挑选 1～2 个优秀的小组作品进行展示，通过团队互评与总结方式分析存在的问题并进行总结和评价，完成下面表格的填写。

总结和评价表

小组名称：

任务总结	知识小结	
	团队收获	
任务评价		

任务实训

一、多选题

1．万圣节期间热销的产品有（　　）。

A．万圣节服装　　　B．Cosplay 饰品　　　C．南瓜灯　　　D．美容美妆产品

2．我国六大产业带包括（　　）。

A．义乌产业带　　　B．温州产业带　　　C．广东产业带　　　D．杭州产业带

二、判断题

1．Wish 平台 50% 的买家来自欧洲，45% 的买家来自美国。（　　）

2．Wish 开通垂直类 App，在后台发布 3C 类商品时，可以实现两次曝光。（　　）

3．Wish 的主要消费者年龄在 15～34 岁，女性用户多于男性用户。（　　）

三、思考题

1．通过 Wish 站内数据分析，选择一款适合 18～25 岁女性的护肤品。

2．圣诞节作为一年购物最后的狂欢节，期间购物更多是个人用品及礼物。作为 Wish 平台的运营商家，请以家庭为对象进行圣诞节选品。

3．请通过 Wish 买家端 App 应用程序当前的热销产品品类排行，查找哪些品类在 Wish 上销售表现不错，上升趋势良好。

模块三 跨平台选品 提升差异化选品综合能力

任务 8

差异化选品分析

学习目标

【知识目标】
1. 了解差异化选品的意义与分析方法;
2. 掌握季节选品方法与节日选品方法。

【能力目标】
1. 能够运用 Merchant Words 工具进行季节选品;
2. 能够运用 Unicorn Smasher 工具进行节日选品。

【素质目标】
1. 具备勇于实践与不断创新的精神,善于总结与开拓新的选品方法;
2. 具备终身学习的职业素养,善于努力学习和吸收国外优秀文化成果。

任务引入

国外有很多节假日,在这些日子里,人们都会在网上选购商品,这就衍生出很多季节性、节日性的产品,如在万圣节有南瓜灯,圣诞节有圣诞树,但这些类型的产品非常多,有好的、也有不好的。那么,如何在众多产品中选择性价比高的产品呢?在这种情况下,跨境电商卖家就需要知道如何利用 Merchant Words 和 Unicorn Smasher 工具选品了。让我们一起来看看马丽是如何操作的吧。

> 任务实施

子任务 8.1　运用 Merchant Words 进行季节选品

本子任务以 Merchant Words 关键词搜索工具为例，讲解如何进行夏季款选品。具体操作步骤如下：

（1）将夏季热搜词通过 Merchant Words 工具进行拓展。

首先将与夏季有关的词语（如 beach 海滩、mosquito 蚊子、swim 游泳、bbq 烧烤等）放入 Merchant Words 的搜索栏进行搜索，然后查看搜索结果。关键词"beach"的搜索结果如图 8-1 所示，从图中可以看出，"beach towel"关键词为热搜关键词。

图 8-1　关键词"beach"的搜索结果

（2）在 Amazon 平台上查看相关热销关键词的销售热度。

把 Merchant Words 搜索结果中热度大于 2 万次的关键词放入亚马逊平台上搜索（如 beach towel），如图 8-2 所示，观察搜索结果以及销量。

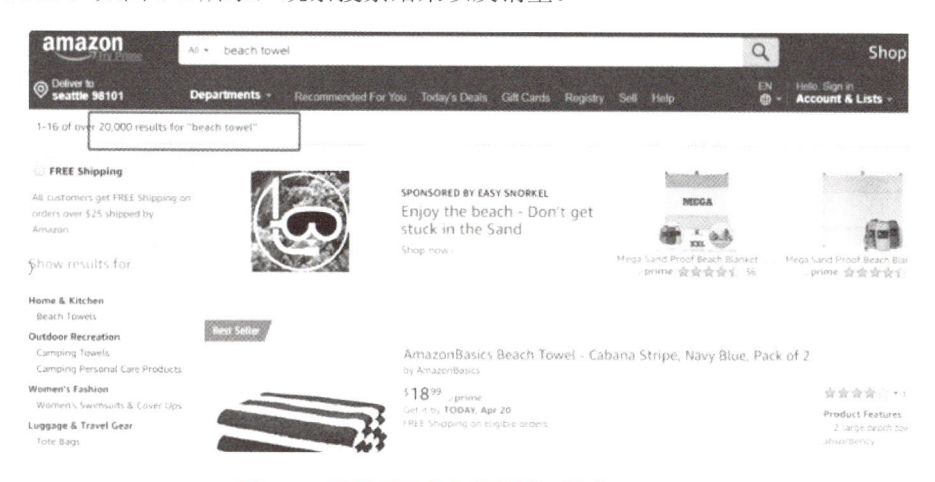

图 8-2　亚马逊平台相关关键词搜索结果页面

（3）查看亚马逊热销品排名情况。

具体操作方法：进入具体类目，分析其销量热度。单击产品，然后进入最小分类，查看热销品排名情况，判断是否存在品牌垄断、销量断层等现象。亚马逊热销品排名如图 8-3 所示。

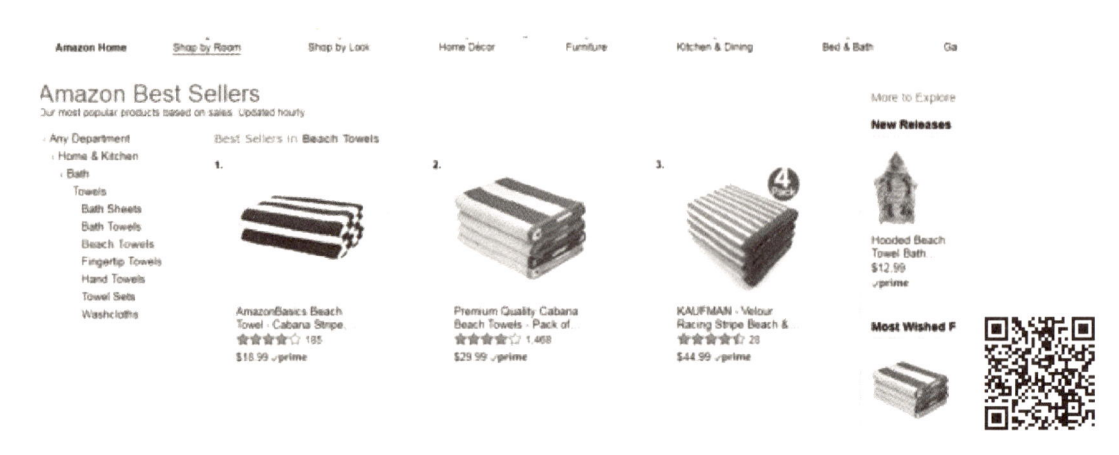

图 8-3　亚马逊热销品排名

（4）分析选中产品。

如果销售排名小于 2 000，且销量数据正常，卖家可以具体分析热销品的产品款式及对应价格，分析 New Release（新发布）是否有新品。具体产品信息页面如图 8-4 所示。

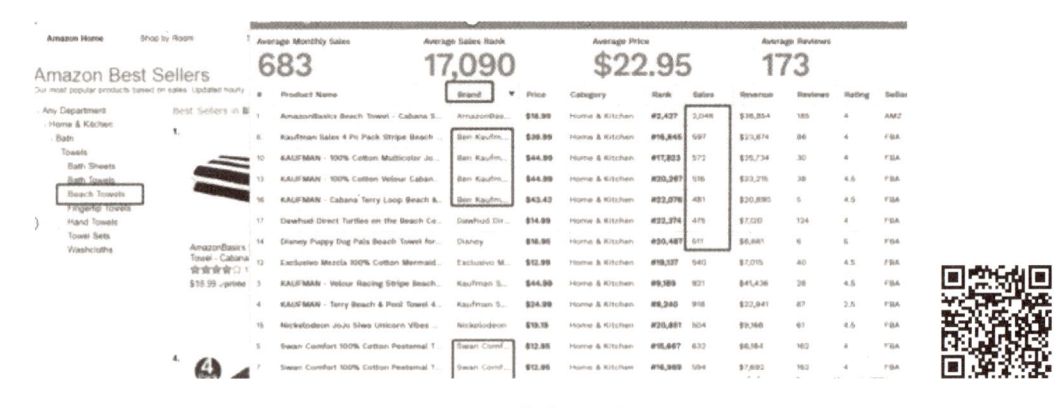

图 8-4　具体产品信息页面

（5）在 1688 上寻找款式。

通过观察用户评论（Review），分析客户最在意的优、缺点，然后打开 1688 网站寻找款式，分析所选款式能否解决用户的痛点。如果能解决，则可以选定作为产品上架销售。1688 上寻找产品页面如图 8-5 所示。

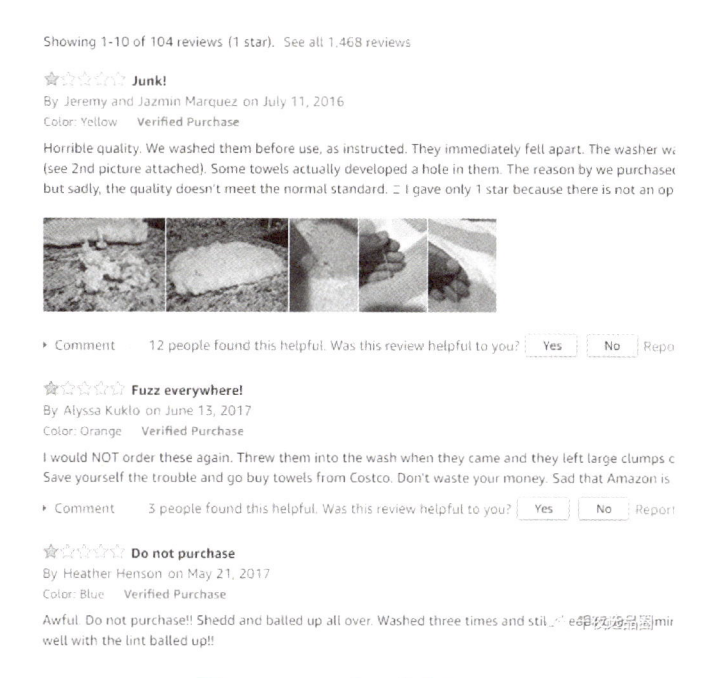

图 8-5　1688 上寻找产品页面

子任务 8.2　运用 Unicorn Smasher 进行节日选品

本子任务以 Unicorn Smasher 工具为例，讲解如何进行万圣节节日选品。具体操作步骤如下：

（1）确定亚马逊搜索的关键词。

首先要确定亚马逊搜索的关键词，既然是万圣节，那么在搜索页面可以直接搜索"Halloween"（万圣节），搜索结果如图 8-6 所示。

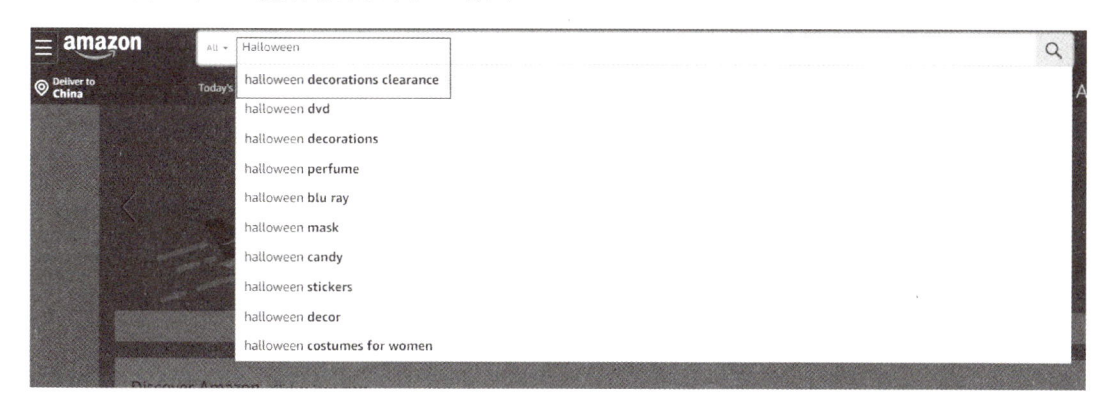

图 8-6　亚马逊关键词搜索结果

从图 8-6 中可以看出，"halloween decorations clearance"（万圣节装饰品）在列表中，说明这个词消费者搜索得比较多，这个关键词下面的产品有可能代表万圣节的市场。现以

"halloween decorations"（万圣节装饰品）作为关键词继续下面的选品分析。

（2）利用 Unicorn Smasher 工具预估并评价市场机会。

在亚马逊主页，单击右上角 Unicorn Smasher 工具插件图标，如图 8-7 所示，打开 Unicorn Smasher 工具数据分析页面。

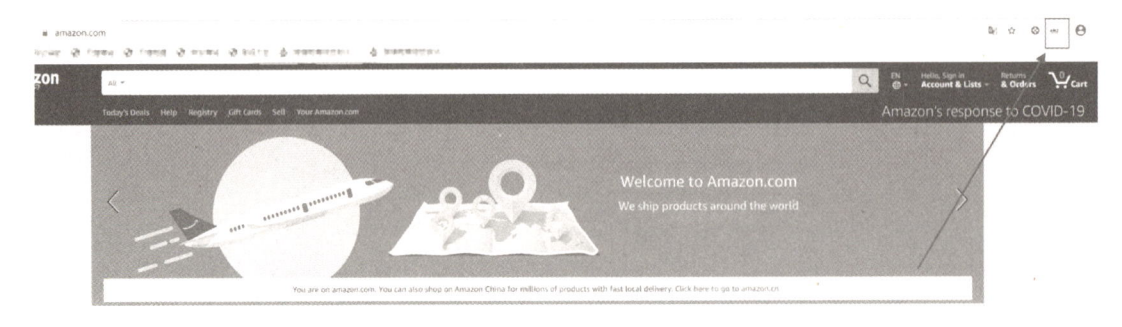

图 8-7　Unicorn Smasher 工具插件图标位置

（3）在数据分析页面中，卖家可以通过以下三种方式了解产品关键词的市场潜力。

① 最直观的方式就是通过 Unicorn Smasher 展示的数据来分析，Unicorn Smasher 展示的数据如图 8-8 所示。从这里可以看出"halloween decorations"这个关键词的市场机会评分较高，星级也高，说明市场机会比较大，比较有市场潜力。

图 8-8　Unicorn Smasher 展示的数据

② 通过搜索页的品牌来查看。如果出现的产品品牌较少，并且同一个品牌尤其是比较有名的品牌出现的频率较高，就说明这个市场可能已经被大品牌占领，卖家进入的机会不大，除非产品特别突出。但是像万圣节饰品这种品类，品牌繁多且没有大品牌，说明这个市场还是有进入机会的。Unicorn Smasher 品牌搜索页面如图 8-9 所示。

图 8-9　Unicorn Smasher 品牌搜索页面

③ 通过 Google Trends（谷歌趋势）来了解市场的需求。Unicorn Smasher 同样提供 Google Trends 查看功能，在 Unicorn Smasher 界面中单击右下角第三个按钮，可以跳转至 Google Trends 搜索页面。这里可以查看 90 天内的搜索趋势，不难发现这个词在过去 90 天的搜索趋势一直处于上升阶段。越临近万圣节，这个词的搜索量上升得越快。Google Trends（谷歌趋势）分析页面如图 8-10 所示。

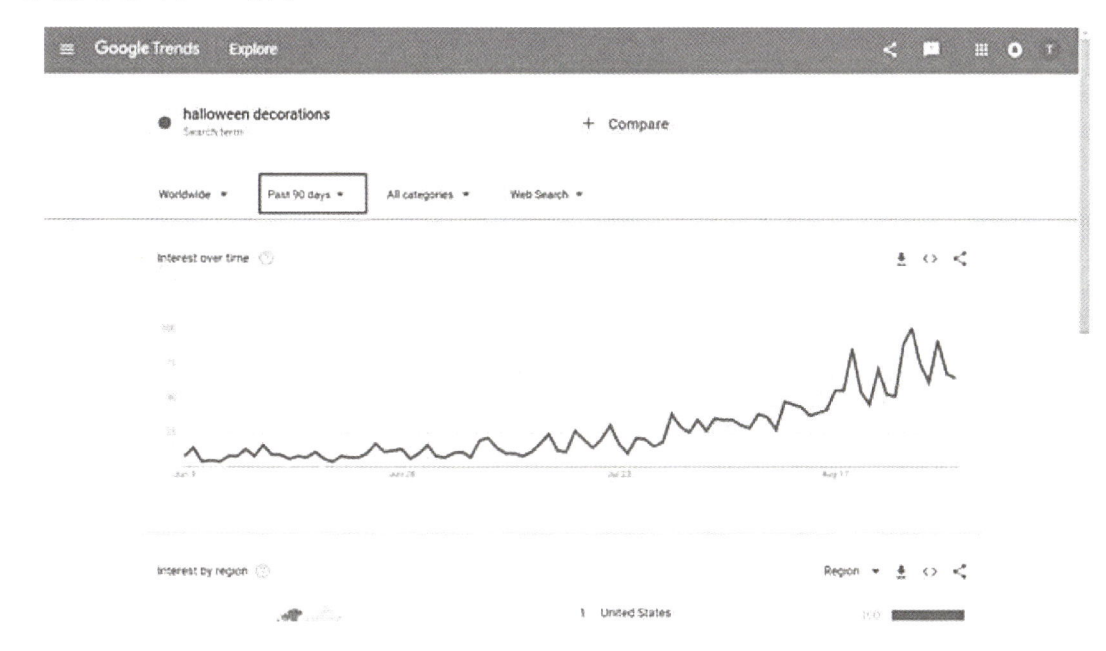

图 8-10　Google Trends（谷歌趋势）分析页面

（4）查看热搜索词总体销售情况。

回到"halloween decorations"这个搜索词，发现除市场机会以外，其他的数据也是比较可观的。月均销售额、月均销量都表现不错，平均 Review（评论）在百条以上，星级评分也不错，基本上为亚马逊物流服务发出的货。"halloween decorations"热搜词的总体销售情况如图 8-11 所示。

图 8-11 "halloween decorations"热搜词的总体销售情况

（5）分类分析产品。

对热搜词的市场表现有了大致的了解以后，接下来就要对细分产品的类型做进一步的分析。下面介绍两个分析的维度。

① 根据产品分类分析。首先就要剔除亚马逊 Sponsored Products（赞助产品）广告的影响，因为该类产品占据了广告位置，但它们的数据对选品而言参考价值不大，甚至会干扰选品分析，因此需要暂时将它们剔除。具体操作方法如下：

在如图 8-12 所示的 Unicorn Smasher 数据分析页面中，亚马逊 Sponsored Products（赞助产品）前面自带"sp"标志，因此，卖家选择分析对象的时候忽略带有此标志的产品项即可。在该页面中，可以分析月均销售数量和销售金额，并且卖家可以导出这些数据留存。

虽然 Unicorn Smasher 展现的都是大类目排名，但卖家可以通过对不同类别数据的分析，得出自己的结论。

比如，从如图 8-12 所示的这份数据中可以看到，万圣节装饰这个关键词下首页搜索结果的产品主要分布在 Patio（露台）、Lawn & Garden Home & Kitchen（草地/家庭花园/厨房）、Toy & Games（玩具/游戏）这三个分类。

② 根据特定条件分类。卖家可以通过筛选不同的数据类型进行选品分析。单击"Filters Results"（过滤器结果）按钮，选择所需要的项目，包括价格、排名、销量、销售额、评论数和星级，根据自己的需求制定个性的分析方案。筛选不同的数据类型页面如图 8-13 所示。

图 8-12 Unicorn Smasher 数据分析页面

图 8-13 筛选不同的数据类型页面

（6）确定具体的产品。

在不断缩小选品范围的过程中，最终确定在"Toy & Games"（玩具/游戏）类目下选择合适的产品。最终选定一款如图 8-14 所示的装饰标志产品，该产品 2015 年上架，目前排名 525，单价为 6.64 美元，月均销量 2 510 个，月均销售额达到 16 666 美元。

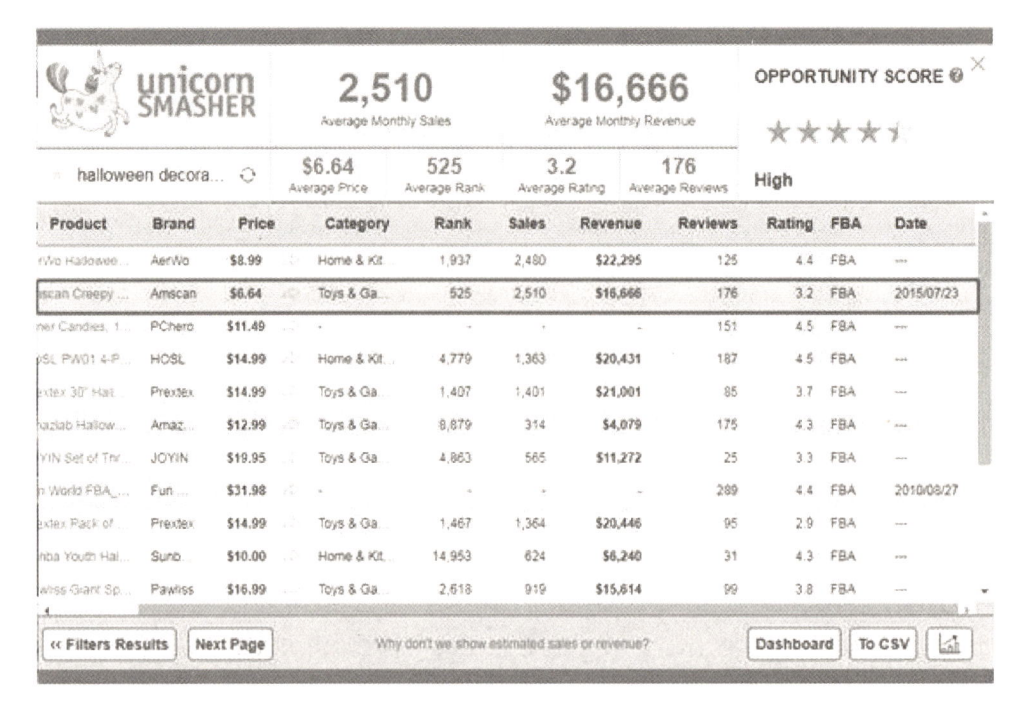

图 8-14　选定具体产品页面

（7）在阿里巴巴国际站上寻找同款。

选定了产品，接下来就是寻找货源了。在 Unicorn Smasher 工具页面中，单击对应产品旁边的箭头，如图 8-15 所示，即可直接跳转到阿里巴巴国际站。

图 8-15　Unicorn Smasher 的跳转功能图标

在阿里巴巴国际站上搜寻同款产品,可以找到与派对相关的装饰用品,如图8-16和图8-17所示。

图8-16　阿里巴巴国际站的同款产品(1)

图8-17　阿里巴巴国际站的同款产品(2)

(8)最终确定最合适的产品。

通过阿里巴巴国际站进行同款商品对比,可以确定最终选定的最合适的产品。

任务总结

本任务主要介绍如何通过两款分析工具进行差异化选品,其内容导图如下。

差异化选品分析
- 运用Merchant Words进行季节选品
- 运用Unicorn Smasher进行节日选品

任务拓展

一、任务布置

圣诞节期间,节日商品包括圣诞玩具、圣诞树、圣诞袜及圣诞装饰都拥有较高的销量,请使用本任务提及的两种产品开发方式,选定销售的商品。

二、任务步骤

第一步：各小组成员分别使用 Merchant Words 和 Unicorn Smasher 进行产品开发。

Merchant Words：首先，使用"圣诞节"查询亚马逊平台上的热搜词；其次，通过热搜词进入亚马逊平台进行搜索操作，选择商品后查看其畅销排名数据，确定产品开发的商品。

Unicorn Smasher：进入亚马逊页面后直接搜索"圣诞节"，点击 Unicorn Smasher 插件查看数据，根据步骤一步一步进行分析，最后确定开发的商品。

第二步：各小组成员根据操作完成下面表格的填写。

差异化选品分析

小组名称：

分析工具	分析内容	名称及理由		讨论过程中的问题
Merchant Words	热搜关键词	关键词名称：		
	通过热搜关键词分析商品后选择的商品	名称1：	理由1：	
		名称2：	理由2：	
		名称3：	理由3：	
		名称4：	理由4：	
		名称5：	理由5：	
Unicorn Smasher	通过市场数据分析后选择的商品	名称1：	理由1：	
		名称2：	理由2：	
		名称3：	理由3：	
		名称4：	理由4：	
		名称5：	理由5：	

第三步：各小组成员使用 Merchant Words 和 Unicorn Smasher 工具进行产品开发，确定圣诞节销售的商品，完成下面表格的填写。

节假日选品

小组名称：

分析工具	关 键 词	产　品
Merchant Words		
Unicorn Smasher		

第四步：挑选1～2个优秀的小组作品进行展示，通过团队互评与总结方式分析存在的问题并进行总结和评价，完成下面表格的填写。

总结和评价表

小组名称：

任务总结	知识小结	
	团队收获	
任务评价		

任务实训

一、单选题

1. 用 Merchant Words 工具进行夏季选品时，首先要输入哪种关键词？（ ）
   A．颜色相关　　　B．价格相关　　　C．销量相关　　　D．季节相关
2. Unicorn Smasher 数据分析页面中，以下哪个方面不能了解市场潜力？（ ）
   A．市场机会展示　B．搜索页的品牌　C．Google Trends　D．Pexda
3. 卖家根据商品分类分析需要使用哪个功能？（ ）
   A．Sponsored Products　　　　　　B．Unicorn Smasher
   C．Halloween　　　　　　　　　　D．Decorations

二、多选题

1. 运用 Merchant Words 进行季节选品有哪几个步骤？（ ）
   A．将夏季热搜词进行扩展　　　　　B．Amazon 搜索销售热度
   C．查看 BSR 的整体销量变化　　　　D．分析选中商品
2. 选择冬季产品，需分析冬季的季节特性，以下哪些关键词可放入 Merchant Words 中进行拓展？（ ）
   A．Snow　　　　B．Skating　　　　C．Ski　　　　D．Swim
3. 卖家可以通过筛选哪些数据类型进行选品分析？（ ）
   A．价格　　　　B．排名　　　　C．销量　　　　D．销售额

三、判断题

1. 如果 BSR 销量结果大于 2 000，且销量数据正常，我们可以具体分析 BSR 的商品款式，以及对应价格，New Release 是否有新品。（ ）
2. Unicorn Smasher 展现的都是大类目排名，卖家无法通过对不同商品数据的分析，得出自己的结论。（ ）

四、思考题

1. 运用 Merchant Words 和 Unicorn Smasher 这两种工具，选择一款可能成为潜力爆款的圣诞树。
2. 请运用 Merchant Words 关键词搜索工具完成季节选品方案。首先，将冬季热搜词进行拓展；其次，在 Amazon 平台上查看热搜关键词的销售热度，查找排名情况，选中产品并在 1688 上寻找同款。
3. 请运用 Unicorn Smasher 工具完成感恩节选品。首先，确定亚马逊搜索关键词，评价关键词的市场机会，分析市场潜力，查看总体销售情况；其次，在阿里巴巴国际站上寻找同款；最后，选择最合适的感恩节产品。

任务 9

全面分析产品

学习目标

【知识目标】

1. 熟悉分析产品细分市场的方法；
2. 掌握分析产品竞争对手的方法；
3. 掌握评估产品的方法。

【能力目标】

1. 能够根据产品的市场竞争环境、市场份额确定目标市场；
2. 能够根据市场需求、竞争对手状况对产品进行全面分析；
3. 能够通过对产品进行全面分析来判断产品趋势。

【素质目标】

1. 树立爱岗敬业、热爱工作、乐于奉献的敬业精神；
2. 具备系统思维，能够从多维度对产品进行全面的分析与评估，并践行于产品开发的全过程。

任务引入

马丽通过第三方选品工具、跨境电商平台内数据选品等方法选择了几款她认为有潜力成为爆款的产品后，为了更好地预测产品在未来的销量，在给商品上架之前要对产品进行全面评估，了解产品的细分市场、市场需求及竞争对手，这样才能做到知己知彼、百战百胜。下面我们一起来帮助马丽对中国传统服饰的细分市场、产品需求、竞争对手等进行全面分析与评估，并对产品趋势做出分析与判断。

> 任务实施

子任务 9.1　分析产品细分市场

9.1.1　潜在的市场规模

同样的产品，对于不同的消费群体而言，其市场规模是不一样的。比如，一个满足 25～40 岁孕妇需求的产品，市场规模是非常大的。但是，一个满足 25～40 岁、喜欢朋克摇滚风格的孕妇产品，其市场规模就可能会缩减许多。

DANESON 是销售高端奢华牙签的公司。我们可以想象，一个低调、奢华、有内涵的消费者在购买这款精致牙签时的场景是非常养眼的。但这种产品的市场规模很狭窄，同时也限制了潜在的营收。不过也正因为如此，才会有像 DANESON 这样的公司更有效地捕捉到这个市场，更容易渗透其中。DANESON 销售的高端牙签如图 9-1 所示。

图 9-1　DANESON 销售的高端牙签

9.1.2　市场竞争环境

在分析产品市场时，最开始就要确认有多少个卖家在销售这个产品。

如果你是市场上这个产品的第一个卖家，则需要做大量市场研究来决定是否有真正的市场需求。或许之前有"前辈"曾经卖过这个产品，但因为市场不好而退出。如果市场上存在竞争者，那就证明这个市场已经被验证，是可以进行销售的；如果市场上已经有很多卖家在卖这个产品，一方面说明此市场已经被验证，另一方面则需要思考在红海市场中如何区分品牌和产品。

例如，Luxy Hair 并非第一家在线销售头发产品的公司。实际上，当他们四年前进入的时候就已经有很多竞争者。他们知道必须做有不同特色的头发产品。Luxy Hair 选择进入社交媒体这一营销策略，当其他人还在做付费广告时，Luxy Hair 决定通过传播价值，聚焦 YouTube 建立专属的营销渠道。这一策略非常有效，Luxy Hair 在竞争激烈的同类市场中脱颖而出，很快获得了七位数的电商营业额，坐拥上百万的 YouTube 订阅者。Luxy Hair 运营的头发产品如图 9-2 所示。

图 9-2 Luxy Hair 运营的头发产品

9.1.3 判断市场类型

在进行产品开发的过程中,需要判断不同的市场类型。不同市场类型的市场表现曲线如图 9-3 所示。

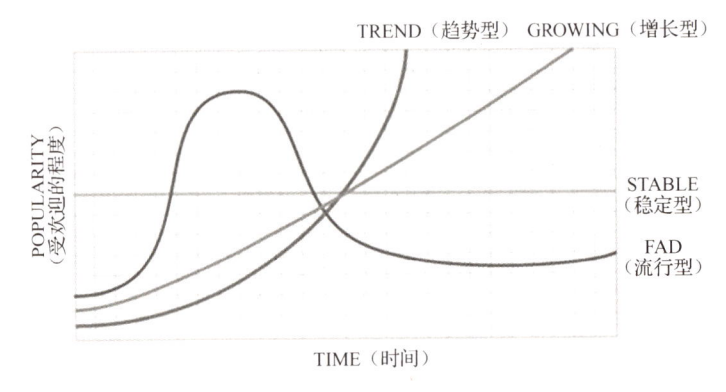

图 9-3 不同市场类型的市场表现曲线

（1）流行型。这种情况下,时间是非常重要的,在市场呈现快速增长的时候一定要把握好机会。

例如,Geiger Counter 是一个类似手机的电子设备,它能够检测人身边的辐射,在 2011 年日本地震时销售非常火爆,但过了这个时期,它就很快消失在市场中。该产品在谷歌趋势的销售曲线如图 9-4 所示。

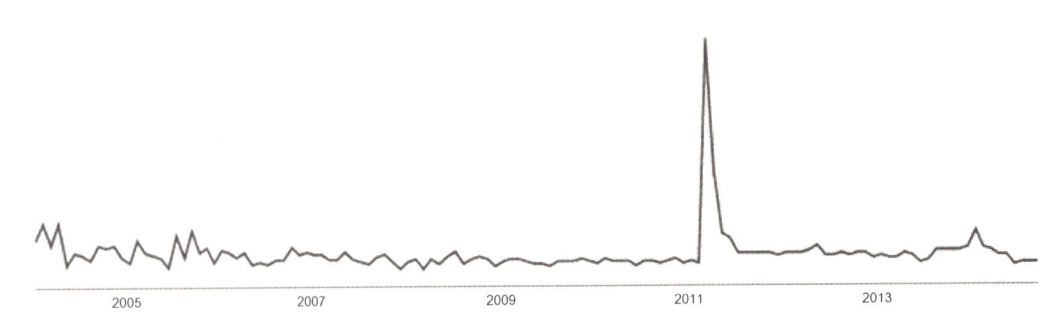

图 9-4 Geiger Counter 在谷歌趋势的销售曲线

（2）趋势型。比流行型产品的销售周期时间更长久，但曲线的顶点很难预测。

例如，最近几年的无麸食品越来越受到欢迎。从如图9-5所示的无麸食品销售曲线可以看到，它的销量每年都在攀升，可以把它当作一个趋势型产品。然而，随着营养饮食市场的不断变化，在市场趋向饱和的时候，它的销量也会呈下降趋势。

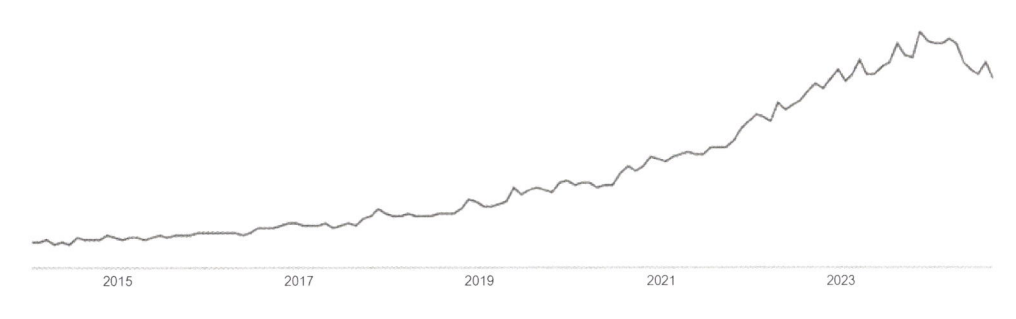

图 9-5　无麸食品在谷歌趋势的销售曲线

（3）稳定型。该市场是一个成熟、稳定的市场，通常抗击打能力强。它既不会迅速下降，也不会迅猛上升，销售周期一般会维护很长一段时间。

厨房水槽是稳定型市场产品的典型代表，其趋势通常保持不变，在过去十几年间一直基本稳定，这是因为购买厨房水槽的用户需求和兴趣不会发生很大变化。厨房水槽在谷歌趋势的销售曲线如图9-6所示。

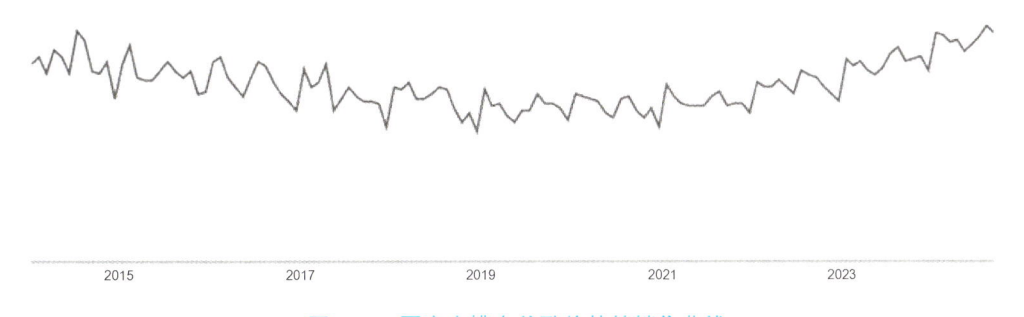

图 9-6　厨房水槽在谷歌趋势的销售曲线

（4）增长型。增长型产品表现为市场销售持续增长，而且呈现长期或永久的增长趋势。

例如，瑜伽垫产品在市场上已经存在了很长一段时间，但在过去几年，已经成为一个主流的健康和健身活动用品。瑜伽的好处已经被众人熟知，这一点从瑜伽垫市场的长期增长趋势得到了印证。瑜伽垫在谷歌趋势的销售曲线如图9-7所示。

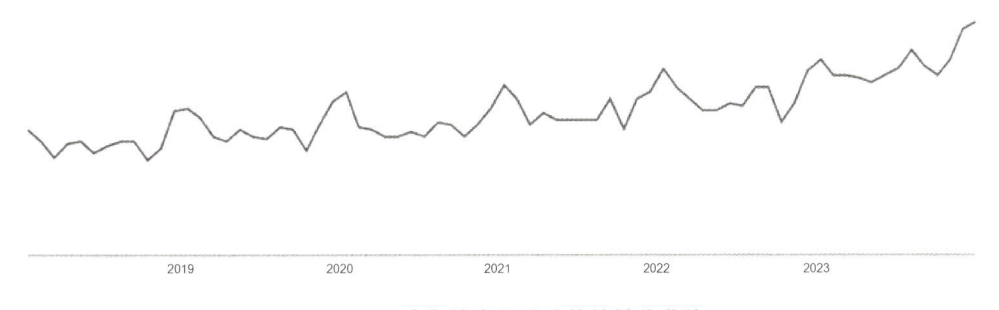

图 9-7　瑜伽垫在谷歌趋势的销售曲线

9.1.4 判断产品在当地市场的份额

如果一个产品在当地线下市场可以随手可得,那么消费者就可能很少去网上购买。然而,一个独特的或在本地很难找到的产品,消费者就会更倾向于网上购买。

例如,AULDEY 是一款奥迪双钻的高端魔法棒产品,根据《巴啦啦小魔仙》电视剧中的道具制作而成,非常受小朋友的欢迎。AULDEY 高端魔法棒如图 9-8 所示。

要判断某个产品在当地的市场份额,最简单的方法就是通过谷歌搜索"产品+所在城市的名字"。

图 9-8 AULDEY 高端魔法棒

子任务 9.2　分析产品市场需求

前面已经详细地讲解了选品的方法及去哪里寻找想要的产品,接下来就是将选择的产品进行各种市场及数据分析。一个卖家如果没有正确地评估产品和细分市场,那么其选择和成功的机会就是随机的。

9.2.1　了解市场需求

我们可以通过用 Google Keyword Planner(谷歌关键词规划工具)来了解市场的需求。该工具可以搜索关键词,查看每个关键词的搜索量、竞争激烈程度及相关搜索词。

说明:根据谷歌最新政策,现搜索出的关键词搜索量只针对 Google Adwords(谷歌关键词广告)付费用户显示具体数值,而对非付费用户只显示大概的搜索数值范围。

使用谷歌关键词规划工具,需要有一个 Google Adwords 账户,卖家可免费获得。注册账户并登录,从顶部的菜单选择工具,然后选择关键词规划,选择"Search for new keyword and ad group ideas"选项,即搜索新的关键词和广告创意。Google Keyword Planner 页面如图 9-9 所示。

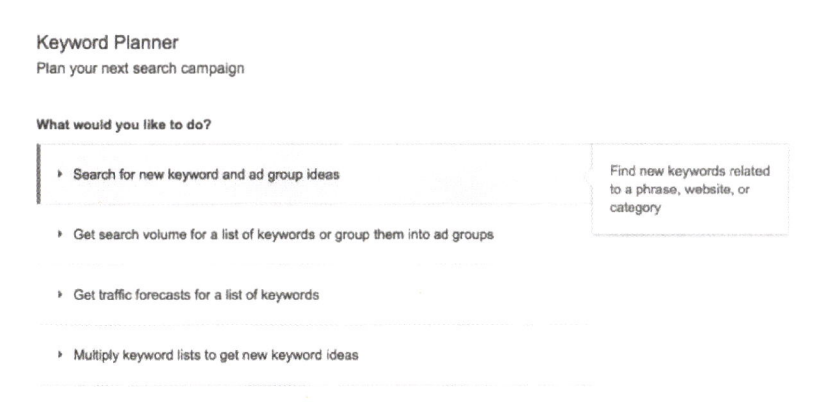

图 9-9　Google Keyword Planner 页面

在打开的页面中输入你的产品关键词（可以多试几个相关或类似的关键词），如果需要可以根据喜好设置"国家"筛选条件。

例如，搜索椰子发油产品，在搜索框输入"Coconut Oil for Hair"（椰子发油），如图 9-10 所示，然后在"Your product category"下拉菜单中选择美国和加拿大（选择该产品的主要市场），单击"Get Ideas"（获得创意）按钮，进入新页面。

图 9-10　Google Keyword Planner 搜索页面

在打开的新页面中，默认打开的选项卡为"Ad group ideas"（广告创意），这时需要切换到"Keyword ideas"（关键词创意）选项卡，如图 9-11 所示。

Search terms	Avg. monthly searches	Competition	Suggested bid	Ad impr. share	Add to plan
coconut oil for hair	60,500	Medium	CA$1.04	0%	»

1 - 1 of 1 keywords

Keyword (by relevance)	Avg. monthly searches	Competition	Suggested bid	Ad impr. share	Add to plan
coconut oil for hair growth	4,400	Medium	CA$1.18	0%	»
coconut oil hair treatment	6,600	Low	CA$5.01	0%	»
best coconut oil for hair	1,300	High	CA$0.96	0%	»
coconut oil hair	9,900	Medium	CA$0.87	0%	»
virgin coconut oil for hair	880	High	CA$1.01	0%	»
organic coconut oil for hair	1,600	High	CA$0.98	0%	»
coconut oil hair mask	9,900	Low	CA$1.15	0%	»
pure coconut oil for hair	590	High	CA$0.99	0%	»
benefits of coconut oil for hair	1,300	Low	CA$0.73	0%	»

图 9-11 "Keyword ideas" 选项卡

在"Keyword ideas"选项列表中，第一列显示搜索的关键词及关联关键词；第二列显示每月在指定地区的平均搜索量；第三列显示谷歌的 Adwords（付费广告）每个关键词的竞争程度。

"Coconut Oil for Hair"（椰子发油）关键词的搜索结果如图 9-12 所示。

coconut oil for hair	60,500	Medium
coconut oil hair	9,900	Medium
coconut oil hair mask	9,900	Low
coconut oil hair treatment	6,600	Low
coconut oil in hair	3,600	Low
is coconut oil good for your hair	2,900	Low
coconut oil on hair	1,900	Low
organic coconut oil for hair	1,600	High
how to use coconut oil on hair	1,600	Low
how to apply coconut oil to hair	1,600	Low
benefits of coconut oil for hair	1,300	Low
best coconut oil for hair	1,300	High

图 9-12 "Coconut Oil for Hair"（椰子发油）关键词的搜索结果

在搜索结果列表中，有两点需要特别说明。

（1）长尾关键词。长尾关键词是那些由多个词组成的关键词。虽然不需要时刻寻找长尾关键词，但与产品密切相关的长尾词和利基长尾词是很有用的，比如与"Coconut Oil for Hair"相关的关键词"Coconut oil for hair care"（椰子护发油）等。

（2）高搜索量。长尾关键词也可能有较高的搜索量，较高的搜索量显然意味着有更多的人在寻找该产品。

卖家可以从每个月的相关搜索中分析潜力关键词的搜索量。根据卖家以往经验，每个月超过 10 万次的搜索量，说明该产品市场需求量非常大。如果与其相关的许多关键词都显示较低的竞争度，说明有更大可能成为爆款。低竞争度的关键词通常意味着它会更容易获得排名，以及更方便购买基于这些关键词的广告。

9.2.2 分析产品目标市场

从如图 9-12 所示的搜索结果中可以看出，很多人都在寻找与椰子发油相关的信息和产品，卖家想要知道这些人在哪里，可以使用谷歌趋势进行分析。

谷歌趋势不仅可以搜索关键词的热搜趋势，还可以搜索哪些热门国家和城市正在寻找产品的特定关键词。不同国家同一关键词的搜索数量如图 9-13 所示。

图 9-13　不同国家同一关键词的搜索数量

从图 9-13 中可以看出，除美国以外，菲律宾和南非也是卖家寻找潜力产品最高的国家。然而菲律宾是盛产椰子的国家，他们搜索这个词并不一定是要购买此产品，这就需要综合考虑各种因素。在搜索结果页面中单击某条信息，可以查看该国哪些城市搜索的人数最多，以及该城市搜索该关键词的趋势图。同一国家不同城市的搜索数量如图 9-14 所示。

图 9-14　同一国家不同城市的搜索数量

9.2.3 利用社交媒体了解市场需求

上面从搜索引擎的角度分析了买家的搜索兴趣,现在来看看社交媒体上消费者对产品的兴趣,从而了解消费者的市场需求。

Twitter 是了解产品市场潜力和消费者是否对产品感兴趣的社交媒体平台之一。卖家可以使用 Topsy(基于 Twitter 微博客的搜索引擎)搜索自己需要的关键词。

例如,用 Topsy 搜索"coconut oil"(椰子油)和"hair"(头发),搜索结果如图 9-15 所示。

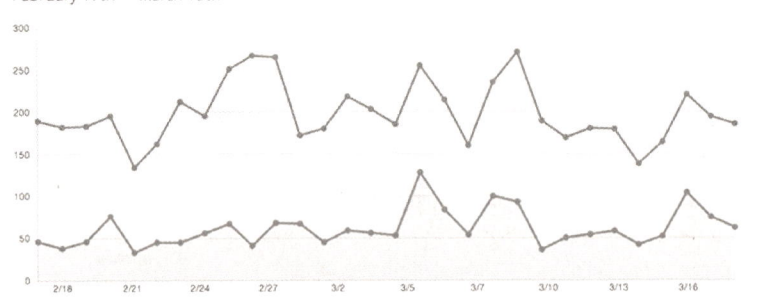

图 9-15 Topsy 搜索结果

从图 9-15 中可以看到,每天约有 150～250 人搜索与"hair"有关的关键词。如图 9-16 所示的几条信息,暗示了消费者的购买意图。

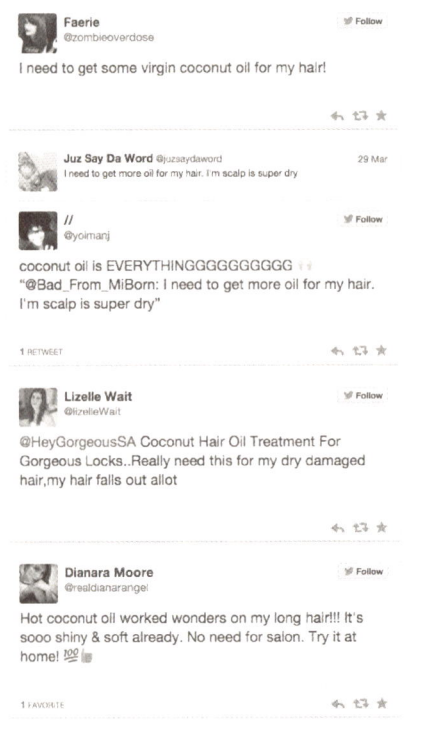

图 9-16 社交平台中的市场需求信息

总之，利用社交媒体研究产品，不仅能看到产品的潜在需求，还可以帮助卖家了解潜在客户的想法，更加有利于产品推广。

子任务 9.3　分析产品竞争对手

如果卖家选择了一款好产品，并且这款产品的市场需求还不错，但并不能说明这款产品市场竞争程度低。所以，在"撸起袖子加油干"之前，最好先看看竞争对手是怎么做的。

9.3.1　找到竞争对手

找到竞争对手最简单的方法是用谷歌进行产品关键词搜索。要站在潜在客户的立场上思考，用潜在客户经常会用的关键词进行搜索。

卖家需要了解针对特定产品和行业的关键词的竞争对手，他们中有哪些在谷歌搜索中的排名较高。看看谁在搜索的第一页。如果要更全面地了解竞争对手，还可以在 Google 搜索中输入"related:www.competitorURL.com"以获取其他类似公司的列表，或者使用免费的在线工具 SimilarWeb 和 SEMrush 分析其他竞争对手。

9.3.2　分析竞争对手

虽然卖家难以清楚地了解每个潜在竞争对手的表现，但可以通过一些工具进行分析，如前面提到的免费在线工具 SimilarWeb 和 SEMrush 等。它们可以提供有关潜在竞争对手的大量额外的详细信息，包括流量概述、流量地理位置、参考网站、搜索关键词（自然搜索和付费搜索）、社交推荐等。

使用这些工具，能基本了解竞争对手的信息，这样卖家可以对自己的决策做出正确的判断。

除上面讲述的方法以外，卖家还可以通过以下三种方式分析竞争对手。

（1）查看公司的经营年限。

公司不赚钱，一般不会经营太久。卖家可以通过 Whois 工具查看该公司的域名信息，看看公司是什么时候注册的。另外，Twitter 和 Facebook 都会显示账户的创建日期。了解企业的运营时间，可以更好地帮助卖家了解它的成功因素。

在如图 9-17 所示的查询结果中，可以看到该网站域名的注册时间为 2010 年 4 月 22 日。

```
Registrar: TUCOWS DOMAINS INC.
Whois Server: whois.tuc××××.com
Referral URL: http://domainhelp.××××.net
Name Server: NS943.HOST××××.COM
Name Server: NS944.HOST××××.COM
Status: ok
Updated Date: 06-jul-2013
Creation Date: 22-apr-2010
Expiration Date: 22-apr-2017
```

图 9-17　注册信息

但是，域名注册日期并不一定代表公司的成立日期，有可能这个域名很早就被注册了，或者是从其他渠道购买过来的。

卖家还可以使用 WaybackMachine 网站时光穿梭机工具，它可以"穿越"互联网，寻找一个网站的历史档案。

（2）了解竞争对手在社交媒体上的关注和互动信息。

竞争对手在社交媒体上的关注和互动信息不一定与销售相关，但了解这些信息，有助于更好地了解竞争对手。需要注意的是，店铺显示的关注人数并不一定是真正的粉丝数量，可能某些是"僵尸粉"。因此，卖家必须了解竞争对手的帖子实际上能获得多少关注和互动。

例如，某家公司在 Facebook 和 Twitter 获得的账号关注数量如图 9-18 和图 9-19 所示，从图中所示的信息来看，这家公司似乎有很强的人气。但公司账户更新的所有帖子几乎与粉丝没有什么互动，最多的时候一个帖子也只收到一个或两个"喜欢/收藏"。

图 9-18　某公司在 Facebook 上的账号信息

图 9-19　某公司在 Twitter 上的信息

卖家还可以使用 Status People 工具软件，审查 Twitter 账户的"僵尸粉"，这样能够更好地了解真实粉丝的数量。例如，查看上面提到的账号，可以看到如图 9-20 所示的信息，其中，63% 为"僵尸粉"。

图 9-20　Status People 工具软件查询的信息

当调查竞争对手的社交账号时，需要特别注意以下几点：
- 竞争对手使用哪些平台？
- 竞争对手与客户互动的频率是多少？
- 竞争对手如何与客户交流？

（3）查流量和反向链接。

流量和反向链接是衡量卖家综合竞争实力的指标。虽然卖家可能无法获取特定网站的准确流量，但有一些工具可以帮助卖家衡量网站的大致流量，以及指向该流量的反向链接的数量。

SEMrush 和 SimilarWeb 是查看竞争对手的流量、流量来源和反向链接的极佳工具。

例如，通过上述工具软件查得某个在线商店的访问数量如图 9-21 所示，其反向链接数量如图 9-22 所示。这个在线商店每月获得近 1 000 000 次访问，并有超过 500 多个反向链接指向它。

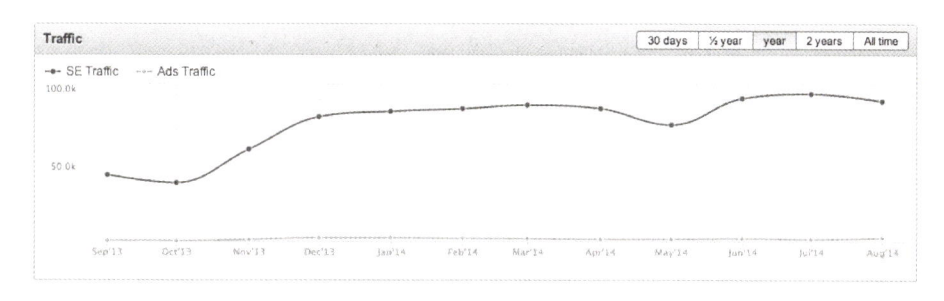

图 9-21　某个在线商店的访问数量

图 9-22　某个在线商店的反向链接

当然，很多服务工具软件只能查询已经建立的网站的流量。如果要查找相对较新的竞争对手的网站信息，可能还需要寻找另外的渠道。

9.3.3　分析竞争对手网站

通过对竞争对手网站的分析、浏览竞争对手的在线网站等方法，知道了要面对的竞争对手是谁。卖家在浏览竞争对手的网站时，需要思考以下几个问题：
- 竞争对手是如何强调他们的价值主张的（Value Proposition）？
- 与卖家的价格相比，竞争对手的价格是多少？
- 竞争对手的产品图片如何？竞争对手的产品描述如何？
- 竞争对手的物流服务和价格如何？
- 竞争对手在哪里设置了行动召唤（Call to Action）？它有多明显？
- 竞争对手试图建立一个电子邮件列表吗？
- 竞争对手的网站是否针对移动端进行了优化？

子任务 9.4　验证产品的方法

下面几种有效判断产品的方法，卖家可以使用在产品定位或创意上。

9.4.1　问卷调查

(1) 难易度：简单。

(2) 一个好的验证产品的问卷调查应该涵盖以下几点：
- 向被调查人提出关键问题。
- 消费者是否喜欢这个产品或理念？喜欢它的理由是什么？不喜欢它的理由又是什么？
- 需要设置一些评估购买意向的问题。许多人（特别是熟悉的人）有时会对问卷表现得很积极，但我们一定要抓住重点，了解消费者是否真会掏钱购买产品。

(3) 调查问卷工具。
- Google Customer Surveys 或 Survata 工具都可以创建调查问卷，可以向定义的目标受众分发调查问卷，但会收取少量费用。
- 立悟博客可以创意设计卖家表单。
- Typeform 是一个较好的在线问卷调查平台。

9.4.2　在社交媒体和邮件中预售

在社交媒体和邮件中预售是测试产品的一个非常巧妙的方法。这种方法既不会占用大量资金，也不会耗费很多时间。

(1) 难易度：简单。

(2) 案例：一位名字叫 Noah Kagan 的卖家刚开始时就是使用邮件预售的方式测试产品的。该卖家当时想验证他的牛肉干产品订阅服务的理念，于是他利用社交账号和私人邮箱联系了有可能感兴趣的熟人和朋友，问他们是否有意向购买。他向他的熟人和朋友发送了一封如图 9-23 所示的电子邮件。

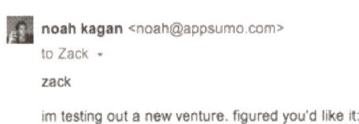

图 9-23　卖家向他的熟人和朋友发送的电子邮件

之后，该卖家将他的产品信息张贴在他的个人 Facebook 上，如图 9-24 所示，并表示希望获得一些反馈。

图 9-24　卖家将他的产品信息张贴在他的个人 Facebook 上

最后，该卖家用 Facebook's Search Graph 寻找并接触一些朋友，他们都是喜欢牛肉干的人，如图 9-25 所示。

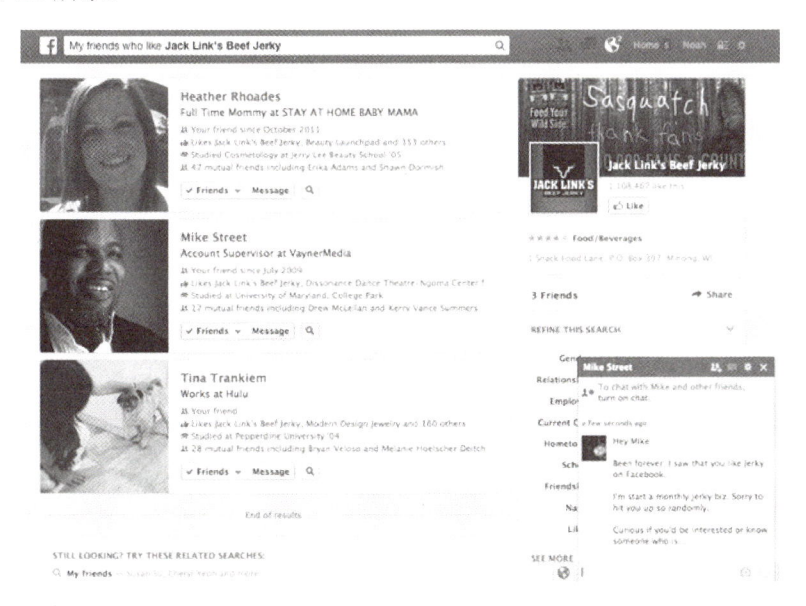

图 9-25　卖家用 Facebook's Search Graph 找到的朋友

该卖家的目的很明确，结果 24 小时内收到 3 030 美元的订单。这种方式成功验证了他的理念。

9.4.3 创建众筹

最近几年一个非常流行的产品验证方法是在网站上设置众筹活动，比如 Indiegogo 和 Kickstarter 等众筹网站平台。

创建众筹不仅可以验证产品，还能提前筹集资金。但是，众筹适合那些新鲜有趣或创新的产品。所以，简单地重新销售另一个品牌的产品或从海外进口的产品，一般不会获得成功。用众筹来验证产品，需要比之前讨论的方法更难，前期需要做很多工作。

大多数众筹网站要求卖家进行众筹活动之前，要有比较成熟的产品。

子任务 9.5 全面评估产品

评估一款产品的好坏，可以从以下几个方面进行：

（1）产品的目标客户。

刚开始时，卖家并不需要非常精准地定位目标客户，但至少要明白目标用户的类型、年龄阶段、在线购买能力等。

如果一个产品适合青少年，由于这个年龄段的人一般没有信用卡，他们大部分使用在线支付方式；如果产品是针对老年人的，他们一般没有网购经验，就算有也不会像年轻人那样频繁。这些问题都是卖家需要考虑的。

例如，Clothes for Seniors 是一家为老年人提供定制服装的店铺，直接受众群体可能不经常上网，那么就需要调整销售策略，或者主要针对他们的子女进行营销。

（2）计算利润。

计算利润对任何一个卖家来说都是非常重要的，如果事先不仔细考虑，真正开始售卖的时候，各种未知的费用就会导致产品利润减少。

例如，一款宠物计步器如图 9-26 所示。参考其他宠物计步器的价格，销售价格可以定在 24.99 美元。再通过其他网站发现，卖家可以以 2 美元的价格拿到它。针对这个价格差而言，如果利润等于销售价格减去进货价格，利润是非常可观的。

图 9-26 宠物计步器

但经过仔细核算，其包装费、人工费等加上进价一共需要 17.04 美元，如图 9-27 所示。而这个产品的销售价和运费加起来一共是 29.99 美元，最后利润只有 12.95 美元。相比之前，利润减少了一半。所以，在真正售卖之前，一定要预测好产品的利润。

Cost Per Unit	$2.00
Product Packaging	$0.10
Import Shipping (Cost Per Unit)	$0.30
Customs & Duties	$0.40
Shopping Cart Fees	$0.25
Credit Card Processing Fee (2.75% of Selling Price)	$0.69
Shipping Fulfillment Fee	$3.30
Shipping Cost	$5.00
Shipping Packaging	$0.00
Advertising Cost Per Unit	$5.00
Total Cost Per Unit	$17.04
Potential Selling Price	$24.99
Shipping Revenue	$5.00
Total Revenue Per Unit	$29.99
Margin $	$12.95
Margin %	43.18%
Markup %	46.65%

图 9-27　宠物计步器利润计算 1

（3）产品预销售价格。

大家都知道，价格低的产品需要销售数量来保证利润；而价格高的产品，需要时间让消费者知道这个产品好在哪里。一般来说，推荐价格在 75～150 美元的产品，因为这个价格区间能被大多数消费者接受。

继续以宠物计步器为例。一个产品的利润 12.95 美元，如果换成其他类似的产品，售价 100 美元，4 倍于宠物计步器的价格，减去其成本，算下来利润高达 76.75 美元！如图 9-28 所示。

Cost Per Unit	$8.00
Product Packaging	$0.40
Import Shipping (Cost Per Unit)	$1.20
Customs & Duties	$1.60
Shopping Cart Fees	$1.00
Credit Card Processing Fee (2.75% of Selling Price)	$2.75
Shipping Fulfillment Fee	$3.30
Shipping Cost	$5.00
Shipping Packaging	$5.00
Advertising Cost Per Unit	$0.00
Total Cost Per Unit	$28.25
Potential Selling Price	$100.00
Shipping Revenue	$5.00
Total Revenue Per Unit	$105.00
Margin $	$76.75
Margin %	73.10%
Markup %	253.98%

图 9-28　宠物计步器利润计算 2

（4）产品是否可以订阅。

有报告指出，开发一个新用户所花费的时间是维护一个老用户所花费时间的 6 倍，所以很多老卖家更愿意花费时间在维护老客户身上，而各种订阅则可以让老用户自动成交订单，这是提高老客户销售非常不错的一种方法。

Dollar Shave Club 会经常给人们发一些易耗品，比如刮胡刀片。价格很便宜，但对俱乐部来说，这种订阅模式非常有效。刀片订阅开始就是 1 美元 / 月。他们以这种方式销售给同一订阅者，销量非常稳定。刮胡刀片如图 9-29 所示。

图 9-29　刮胡刀片

（5）产品的尺寸及重量。

"亲，包邮吗？"这是很多用户在选购产品时会询问客服的一句话。在网购模式越来越成熟的阶段，很多用户都希望自己购买的产品能够包邮。所以现在也有这样一种现象，产品不包邮，卖家就会减少很多订单，而产品的尺寸和重量对运费和利润影响较大。

如果不打算用代发货（Drop shipping）的方式，就需要考虑运费、仓储成本等。如果直接从海外订货，那产品的成本就会大大提高。

如图 9-30 所示的这款超大号瑜伽垫，售价 99 美元。如果发货到加拿大，只需要 40 美元的运费；但如果发货到其他地方，就需要 80 美金运费。也就是说，如果将这款产品卖到除加拿大以外的地方，利润就非常低了。

图 9-30　瑜伽垫

（6）产品材质及质量。

产品的材质及质量是影响产品退换货的关键因素。如果产品是玻璃的，那么在运输途中很容易被打碎，而塑料产品则很容易被损坏。因此，这类产品在包装费、退货费等方面可能花费更多。

（7）产品是否有季节性。

季节性的产品，销量在不同的季节会有很大的变化，进而会影响现金流，这对一些公司来说是很严重的问题。因此，很多卖家在反季节的时候，会用各种促销活动提高销量。

如果卖家的产品季节性比较强，最好先考虑这个产品是否可能通过销往不同的国家来解决季节性的问题。比如圣诞节期间的圣诞树,具有非常强的季节性,除美国以外,还有哪些国家会对圣诞树有需求呢?季节性比较强的产品如图 9-31 所示。

图 9-31　季节性比较强的产品

(8) 产品的实用性。

在产品进行售卖之前,卖家要知道这个产品的实用性,产品是否能解决用户的某个痛点,它是一时被需要,还是说能帮他们解决一直存在的问题。一个产品如果能解决人们的真正痛点,那它会很容易被用户接受。

(9) 周转库存需要的时间。

如果产品经常改变或更新,这对卖家来说也存在很大的风险。因此,在进货之前,一定要了解产品的特点及更新周期。

如图 9-32 所示的手机套,如果手机升级换代了,就可能造成该产品滞销。对于这类产品,一定要控制好库存。

(10) 产品使用次数。

有的产品使用寿命较长,用户重复购买的频率很低,而易耗品和一次性产品都可以让同一用户重复购买,产品的重复购买频率高。

销售一些使用寿命较短的产品,像剃须刀、袜子和衣服等,可以保证用户多次重复购买。短寿命的产品如图 9-33 所示。

图 9-32　手机套 　　　　图 9-33　内衣

(11) 产品是否易腐烂。

食品类目下的产品,它们的保质期都比较短,而且有的产品对储藏的环境也有较高要求,比如保健品、药物和其他需要避光、冷藏的产品。

例如,Yummy Tummy Soup Company 是一家卖自制汤和甜品的公司。他们每天烹饪的食品都会用特制的控温集装箱运送到各地,当然这是需要雄厚的资本作为支撑的。

（12）产品有限制或规定。

在选择这个产品之前，上网搜索或给海关等权威机构打电话，查询关于产品的规定和限制，以及进口、出口有无特殊要求，比如一些化工品、食品和化妆品等。

如图 9-34 所示的 SilkyPolish 是一款无毒、无动物伤害的指甲油，商家后来得知里面含有易燃化学成分而被禁止空运，所以只能被迫放弃海外市场。

图 9-34　禁止空运的产品示例

任务总结

本任务从产品细分市场、市场需求、竞争对手、产品验证、产品评估等方面对产品进行了全面分析，其内容导图如下。

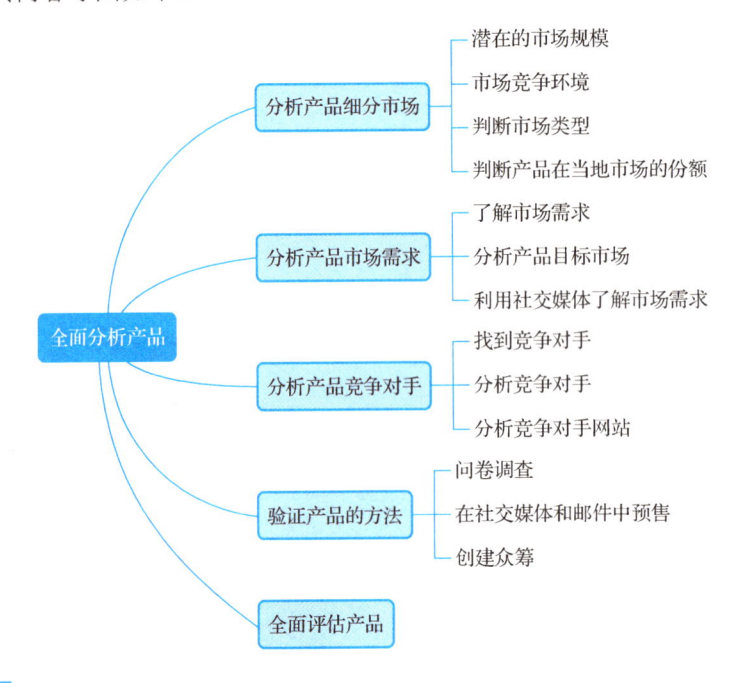

全面分析产品
- 分析产品细分市场
  - 潜在的市场规模
  - 市场竞争环境
  - 判断市场类型
  - 判断产品在当地市场的份额
- 分析产品市场需求
  - 了解市场需求
  - 分析产品目标市场
  - 利用社交媒体了解市场需求
- 分析产品竞争对手
  - 找到竞争对手
  - 分析竞争对手
  - 分析竞争对手网站
- 验证产品的方法
  - 问卷调查
  - 在社交媒体和邮件中预售
  - 创建众筹
- 全面评估产品

任务拓展

一、任务布置

假设现在需要针对美国市场开发一款产品，已知美国人最喜欢的四大球类运动是棒球、橄榄球、冰球和篮球。针对这种喜好，卖家可以选择开发一些和这类运动相关的产品。例如，绷带、牙套、球、球类服饰、带有相关 Logo 的配饰（如手链、钥匙扣）等，如果是你，你会如何进行选品呢？

二、任务步骤

第一步：各小组成员先从不同角度建立用户视角，从用户视角出发选择一个产品类目，并确定该类目的关键词，再根据关键词确定该产品类目下的细分市场，然后从用户视角和关键词选品的角度讨论选择该类目及关键词的原因。

第二步：各小组成员经过充分讨论与总结后，完成下面表格的填写。

利用用户视角选品

小组名称：

项　　目	内　　容		讨论过程中的问题
选取一个角度建立用户视角			
从用户角度思考能被说服的理由	理由1：		
	理由2：		
	理由3：		
	理由4：		
	理由5：		

第三步：结合各小组成员的讨论结果，对如何建立用户视角及如何利用关键词选品进行总结，分析从不同角度出发选品的意义并得出结论。

第四步：各小组成员通过调研各大跨境电商平台上的产品（不限类目）收集相关资料，列举3个从用户视角出发选取的产品，并列举有效关键词及获取关键词的渠道，完成下面表格的填写。

产品选取表

小组名称：

产品名称	有效关键词	获取渠道
名称1：		
名称2：		
名称3：		

第五步：挑选1～2个优秀的小组作品进行展示，通过团队互评与总结方式分析存在的问题并进行总结和评价，完成下面表格的填写。

总结和评价表

小组名称：

任务总结	知识小结	
	团队收获	
	任务评价	

任务实训

一、单选题

1．下列哪一项不属于基于市场的标准？（　　　）

A．市场规模　　　　B．市场竞争环境　　C．商品本地化　　　D．利润多少

2．卖家可以通过以下哪种工具了解市场需求？（　　）

A．Monster B．Vampire

C．Zombie D．Google Keyword Planner

3．卖家判断产品趋势最快、最便宜的方式是（　　）。

A．问卷调查 B．邮件预售 C．创建众筹 D．数据调研

二、多选题

1．SimilarWeb 工具可以提供有关潜在竞争对手的大量额外的详细信息，包括（　　）。

A．流量概述 B．流量地理位置 C．参考网站 D．社交推荐

2．当卖家调查竞争对手的社交账号时，需要特别注意（　　）。

A．他们使用哪些平台 B．他们与客户互动的频率

C．他们如何与客户交流 D．查看他们的"僵尸粉"

3．一个好的产品验证调查问卷应该涵盖以下哪些内容？（　　）

A．向目标客户提关键问题

B．人们是否打心底喜欢你的产品或理念

C．要问一些问题以评估购买意向

D．客户详细信息

4．卖家要通过以下哪些方向来评估产品？（　　）

A．产品的目标客户 B．产品利润计算

C．产品尺寸及重量 D．产品是否有季节性

三、判断题

1．判断该产品在当地的市场份额，最简单的方法就是在谷歌上搜索"产品名称+所在城市的名字"。（　　）

2．高搜索量、低竞争度的关键词通常意味着它会更容易获得排名。（　　）

3．开发一个新用户所花费的时间是维护一个老用户所花费时间的 6 倍，所以卖家需要花更多的时间维护老客户。（　　）

四、思考题

1．通过调研，分析如下产品在美国市场的需求状况、竞争对手和产品发展趋势，并做出相应的产品需求分析报告。

2．使用所学的方法找到 Luxy Hair 产品的竞争对手，选择 SimilerWeb 或 SEMrush 工具分析竞争对手，查看竞争对手公司的经营年限、社交媒体信息、流量及反向链接等。

3．请选择一款你感兴趣的产品，设计一份调查问卷，对产品定位和创意的有效性进行验证。

任务 10 获取产品渠道

学习目标

【知识目标】
1. 熟悉产品渠道的分类；
2. 掌握供应商的类型及其寻找方法。

【能力目标】
1. 能够根据人群特征选择合适的产品渠道；
2. 能够根据产品获取方式选择合适的供应商；
3. 能够有效进行供应商询价。

【素质目标】
1. 树立成本与效益意识，能够科学合理地选择供应商；
2. 树立风险意识，能够有效评估风险并选择有效的盈利模式。

任务引入

作为一名跨境电商卖家，产品的选择可以说能决定网店的存亡，而产品的质量则占据非常重要的一环。选择好产品后，接着就是决定产品的开发渠道和寻找供应商，一旦供应商出现问题，之后就会引发一系列的问题，为了避免可能发生的"蝴蝶效应"，大家一定要学会如何选择供应商。接下来我们和马丽一起做好中国传统服饰产品的渠道选择，并寻找合适的供应商。

> 任务实施

子任务 10.1　选择产品渠道

通过前面几个任务的学习，我们已经知道如何将产品选择出来了。那么，选择好产品以后，如何寻找供货商呢？接下来我们来了解如何获得想要销售的产品。

10.1.1　自制/DIY

自制/DIY是很多的手艺人和手工爱好者常用的方法。无论是珠宝类、时尚类的产品，还是天然护肤类的产品，自己生产的能够最大限度地把控它们的质量。不过，这类产品成本也会相对高一些，包括采购原材料、库存管理等费用。不仅如此，自制/DIY产品还比较耗时，因为很难把控其质量，而且还很难进行规模化的生产。最重要的一点是，并非所有的产品都可以手工制作。自制/DIY产品的适合人群、优点、缺点、利润及风险如下：

（1）适合人群。

自制/DIY产品既适合手工达人；也适合有自己独特的想法，并且有条件自己生产产品，有可用资源的卖家；同时也适合想要完全把控产品质量和品牌，初期投入相对较低的卖家。

（2）优点。

启动成本相对较低：自制/DIY产品不用像生产加工或批发那样大批量生产或购买，这样会使生产成本降低，而生产成本是电商运营起步时的主要成本。

- 品牌控制：商家对自制/DIY的产品可以创建自己想要的品牌，品牌的创建不受限制。
- 价格控制：能够自主控制产品定位和价格。
- 质量控制：可以严格把关产品质量，确保产品符合消费者的预期。
- 灵活性：自制/DIY产品能够为卖家的经营带来灵活性，受供应商控制较小，同时商家也可以自由把控产品质量、细节甚至整个运作流程。

（3）缺点。

- 耗时：自制产品是一个非常耗费时间的工程，如果卖家选择自制产品，那么花费在运营方面的时间就会大幅减少。
- 规模性：当规模逐渐扩大时，自制产品的短板就会随之而来，虽然可以寻找制造商帮助生产，但手工制作产品批量生产的可能性太小。
- 产品选择受限：潜在产品的选择会受到商家手艺和当前拥有资源的限制。

（4）利润。

与其他货源渠道的产品相比，自制/DIY产品的利润是相对较高的，因为商家可以自己控制成本和价格，但要谨慎考虑单位时间的产出效率。

（5）风险。

风险低且不需要库存，卖家可以等接到订单后再开始生产。

自制/DIY产品是美国非常流行的一种产品生产方式，许多电商公司创始人都是从他们的车库开始创业的，销售的正是自制/DIY产品。

10.1.2　加工制造

卖家可以委托商品制造商加工制造产品。商品制造商既可以是国内的，也可以是国外的。相比国外制造商，国内制造商的成本要低一些。加工制造产品的适合人群、优点、缺点、利润及风险如下：

（1）适合人群。

加工制造产品适合具有独特创意的产品或是现有产品的变体，而且这种方法适合已经验证过产品市场需求，并且对产品销售非常有信心的卖家。

（2）优点。
- 单价低：对于单价低的产品来说，加工制造无疑是最好的方法，这样可以获得较多的产品利润。
- 品牌控制：加工制造意味着商家可以建立自己的品牌，不用受其他品牌规则的限制。
- 价格控制：既然能够建立自己的品牌，就能够给自己的产品定价。
- 质量控制：对于加工制造，商家可以有效地把控最终的产品质量，从而留住客户，这点跟代销和批发的产品不同。

（3）缺点。
- 最小订单量：制造商一般都有最低订单数量的要求，如果产品前期没有好的销售途径，商家对自己的产品销售没有信心和把握，大批量生产会带来大量库存积压，还有可能致使产品滞销。
- 安全风险：如果事先没有完全掌握制造商的运营情况，有可能导致亏本。
- 时间长：从产品原型到样品，再到细化和生产，会是一个较长的周期。如果是国外制造商，还会存在由于语言、距离、文化带来的障碍，从而有可能导致不能按时交货。

（4）利润。

利润与合作的制造商有关。一般来说，商家自己拥有品牌产品的利润会比批发和代销产品的利润要高。

（5）风险。

制造商通常有最低订单数量的要求，一旦产品销量不好，会导致库存积压、资金供应链断裂的情况。

一般而言，当自制/DIY产品开始有不错的销量之后，就可以转由制造商来加工制造。这样卖家可以节省大部分时间，降低产品成本，从而获得更多的利润。

10.1.3　批发

批发相对比较简单直接，从制造商或中间商那里以折扣价、批发价直接购买产品，再以更高的价格转售出去即可。和加工制造产品相比，批发产品的风险就低很多，因为批发的产品本身就有一定的知名度，没有设计加工的风险，最低订单量也会比加工制造小得多，有时甚至1件也能批发。批发产品的适合人群、优点、缺点、利润及风险如下：

（1）适合人群。

想尽快开始电商业务，或者想经营多种产品和品牌的卖家，批发会提供广泛选择产品的机会。

(2)优点。
- 品牌知名度：如果品牌事先已经有了一定的知名度，后期也会节省一些广告成本。
- 库存压力小：批发的产品通常都是经过市场验证的，销售已经验证过的产品可以减轻库存压力。

(3)缺点。
- 缺乏特色：批发的产品不具有独特性，卖家在销售的同时，市场上有可能也有其他大量卖家在销售这款产品。因此，需要表现出自己的特色才能留住消费者。
- 价格控制：一些品牌会对自己的产品强制执行价格控制。因此，在自主调价方面受到　限制。
- 库存管理：相对于加工制造来说，批发的最低订单量要小得多。
- 耗费精力：如果销售各种各样的产品，那么商家就需要花费更多的时间在供应商管理上，从而耗费更多的精力。

(4)利润。

一般而言，批发类的产品会有50%左右的利润。

(5)风险。

库存风险及同质化竞争风险较高。

10.1.4　代销

代销是一种风险较低的方法，由供货商直接代发货，卖家不需要库存产品。卖家直接把客户订单和发货信息提供给供货商，供货商直接把货物发给客户，而卖家赚取的是供应商和零售价格之间的差价。作为卖家，不用担心库存积压，甚至可以是0库存，这与传统的销售模式不一样，零售商自始至终与产品都没有实质性的接触。代销产品的适合人群、优点、缺点、利润及风险如下。

(1)适合人群。

代销是电商生意起步的选择，适合不太注重利润率，不用管理库存，又想初步了解电商运营的人。如果卖家想以此模式来做，可以与提供该业务的制造商直接联系，或者与一些专门从事代销业务的电商平台合作。例如，World Wide Brands平台是一个与数百家制造商合作的平台，卖家可以代销该平台上的数千种产品，无须与每个制造商保持联系。但是需要注意的是，虽然这些聚合平台能让卖家更容易销售各种产品，但他们往往会收取一定费用，很多平台需要缴纳会员费或注册费。

(2)优点。
- 启动成本低：不需要购买产品。
- 低风险：没有库存积压风险。
- 便于管理：只要满足基本的条件，就能在任何地方轻松管理业务。

(3)缺点。
- 竞争程度高：代销的产品一定会有很多竞争者，因为对供应商来说，代理销售的卖家肯定是多多益善的。
- 利润率低：因为赚的只是供应商和零售价格之间的差价，所以利润率不会很高。

(4)利润。

一般而言，代销的利润通常为15%～20%。

（5）风险。

代销产品风险相当低，因为不需要库存，也不用担心运费问题。但是，市场上以这种方式运营的卖家非常多，不仅竞争力度非常大，而且利润也比较低。

部分商家在选择产品渠道上有选择困难症，根据确定好的产品或市场，有可能无法选择出最适合的业务模式。下面针对产品和渠道进行简单的归类，方便卖家快速确定业务模式。

- 产品没有具体实物——自制/DIY或加工制造。
- 资金不够——代销。
- 其他品牌的产品——批发或代销。
- 手工生产产品——自制/DIY。
- 追求较高利润——加工制造。
- 追求最低风险——代销。
- 能够承受一定的风险——批发。
- 能够承受较大的风险——加工制造。

商家最终选择的业务模式一定程度上会影响自己的整体电商业务。因此，不能只看每种模式的优点，也要认真了解它们的缺点和风险，最后做出正确的选择。

对于在亚马逊上从事电商业务的中国卖家来说，加工制造、批发和代销，都是比较可行的方式。

子任务 10.2 选择供应商

不管哪种产品获取方式，都需要选择对应的供应商。如果是自制/DIY，需要有提供原材料和零部件的供应商；如果是加工制造，需要有工厂资源；如果是批发，需要和经销商打交道；代销则需要卖家找到能够代发货的制造商和直营经销商。虽然需要供应商提供的服务各不相同，但要找到较理想的供应商，卖家需要具备一定的能力，比如搜索信息的能力、沟通能力、说服力、价格谈判能力等。

10.2.1 确定供应商类型

在开展电商业务之前，卖家可以选择从国内进货，或者选择从国外进货。那么，这两者之间有什么优、劣势呢？国内外供应商的优、劣势对比如表10-1所示。

表10-1 国内外供应商的优、劣势对比

优 劣 势	国内供应商	国外供应商
优势	国内供应商较多，卖家有更多的选择 价格和成本都较低 易于沟通，没有语言障碍 运输时间短	较高的生产质量和标准 有知识产权保护 品牌意识较强
劣势	知识产权保护力度不够，存在品牌、商标等相关侵权风险	语言不通，沟通存在障碍 成本高、价格昂贵 运输时间长 产品进口和报关费时费力

10.2.2 寻找供应商的方法

如果卖家已经对供应商的优、劣势有所了解,接下来可以通过以下几种搜索方式来寻找供应商。

1. 谷歌深度搜索

Google 和 Bing 都是好用且简单的搜索工具。通常来说,我们在搜索一个关键词时一般只注重第一页的搜索结果,但是很多供应商的 SEO 做得可能并没有那么出色,没有跟上互联网不断变化的搜索引擎优化规则,所以他们可能没有列在首页,这意味着卖家需要挖掘得更深一些,后面几页的搜索结果也不要忽视。除此之外,卖家还需要尝试各种关键词搜索,比如批发、批发商和经销商等词可以交换使用,每一种组合都需要尝试着去搜索。

2. 平台网站

有些资源可以从免费的平台和网站上获取,这些平台和网站囊括了无数供应商的信息。国内比较受欢迎的供应商网站有 1688、AliExpress 等;国外比较受欢迎的供应商网站有 Thomas Net、Maker's Row、MFG、Kompass、IndiaMart、Bambify 等。

除此之外,还可以从一些有关电商和制造商的报纸、杂志上获取信息,如 Scotts Online Business Directory,该目录包含北美数百家制造商、批发商和分销商的资料。

3. 他人推荐——社交网络和论坛

互联网的力量非常强大,网络社交是现在年轻人非常喜欢的一种方式,有时候卖家找到潜在供应商的最佳来源可能是在社交网络和论坛通过别人推荐的。例如,LinkedIn 就是一个很好的社交网络平台,里面有许多供应商的信息。

如果找到的供应商并不适合,也可以请社交网络的人推荐。

4. 其他搜索建议

除了搜索产品名称以外,也可以搜索产品的 NAICS 代码,这是北美行业的分类系统,几乎每一个行业和产品都有一个 NAICS 代码。优势制造商和供应商通过 NAICS 代码列出他们的产品,特别是使用专业目录,商家会更容易找到产品的制造商和供应商。NAICS 目录可以在图书馆或网络上找到。

10.2.3 供应商询价

询价是相对简单的过程,但卖家需要确定关键问题,这样可以提高对方的回复率。一般而言,供应商询价的内容主要包括以下几点:

(1)最低订单量。

卖家先要了解供应商可以接受的最低订单量,产品和供应商不同,最低订单量也不一样。一般而言,最低订单量是可以协商的。

(2)样品定价问题。

有的供应商可能会以零售价作为样品的价格,有的供应商可能以折扣价作为样品的价格,甚至还有的供应商会免费提供样品。

(3)产品定价问题。

产品定价直接关系到利润问题,因此非常重要。

(4)产品周转时长。

卖家要知道产品的周转周期要多久,比如从订单开始至发货到卖家仓库需要多久等,这样才能严格把握店铺运营进程。

（5）付款方式。

库存成本是卖家需要控制的主要成本之一。有的供应商会要求卖家支付前期的全部订单费用，这样需要确认后期的付款条款。

（6）注意与供应商的沟通方式。

发邮件给供应商不一定都会得到回复，因为很多供应商都收到过轮番轰炸的询价邮件，因此供应商并不会一一回复所有的邮件。那么，如何避免邮件被忽视呢？在第一次联系供应商时，卖家要注意以下几点：

① 用私人电子邮件。供应商每天都会收到大量的邮件，想要得到他们的回复，普通的发邮件方式肯定不适合，卖家可以使用自己的私人邮箱发送，从而提高供应商回复的概率。

② 第一封邮件清晰简洁。第一封邮件不需要赘述，简洁明了地表达邮件的目的，聚焦供应商关心的事情即可。

③ 避免提出的要求过多。第一次邮件交流，相互都是不熟悉的状态，卖家最好只询问最想了解的事情即可。

任务总结

本任务从选择产品渠道和选择供应商两个方面介绍了如何获取产品的渠道，其内容导图如下。

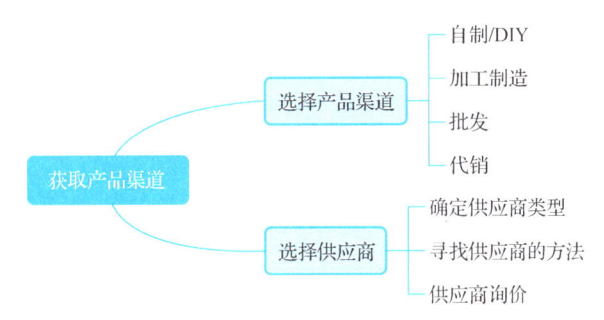

```
                         ┌─ 自制/DIY
              ┌─ 选择产品渠道 ─┼─ 加工制造
              │              ├─ 批发
获取产品渠道 ─┤              └─ 代销
              │              ┌─ 确定供应商类型
              └─ 选择供应商 ─┼─ 寻找供应商的方法
                             └─ 供应商询价
```

任务拓展

一、任务布置

典阅电子商务公司是一家传统电商公司，涉及的品类非常多。为了扩大市场，公司现准备开设一个速卖通店铺，现在需要你来为新开设的店铺选择合适的供应商。那么，你需要考虑获取产品的渠道有哪些？供应商有哪些分类？应该如何选择产品的渠道和供应商？

二、任务步骤

第一步：各小组成员通过学习选择产品渠道和供应商的方法，讨论不同产品渠道、供应商的特征和区别。

第二步：各小组成员进行充分讨论后，完成下面表格的填写。

产品渠道和供应商的选取

小组名称：

项　　目	内　　容	讨论结果及分析
产品渠道		
确定供应商类型		

续表

项　目	内　容	讨论结果及分析
寻找供应商的方法		
供应商询价		

第三步：结合各小组成员的讨论结果，对产品渠道和供应商选择的逻辑和方法进行总结。

第四步：各小组成员为某一款产品选择一个产品渠道和供应商并说明原因，完成下面表格的填写。

产品选取表

小组名称：

项　目	内　容
产品名称	
产品渠道	
供应商名称	
是否为国内供应商	
寻找该供应商的方法	
询价结果	

第五步：挑选1~2个优秀的小组作品进行展示，通过团队互评与总结方式分析存在的问题并进行总结和评价，完成下面表格的填写。

总结和评价表

小组名称：

任务总结	知识小结	
	团队收获	
任务评价		

任务实训

一、单选题

1．自制/DIY的产品渠道最适合（　　）人群。
　A．刚从事电商的卖家　　　　　　　B．手工达人
　C．想尽快开始电商业务的卖家　　　D．品牌卖家

2．国内比较受欢迎的提供供应商信息的平台有（　　）。
　A．Alibaba　　　B．Maker's Row　　　C．Kompass　　　D．IndiaMart

二、多选题

1．卖家采用"批发"方式当作产品渠道，会有哪些风险？（　　）
　A．库存风险　　　　　　　　　　　B．同质化竞争风险

C．购买大批量广告资源　　　　　　D．运输风险
2．如果是自制/DIY产品，卖家需要跟哪些供应商打交道？（　　）
A．提供原材料的供货商　　　　　　B．提供零部件的供应商
C．代发货的制造商　　　　　　　　D．分销商
3．卖家可以通过以下哪些方法寻找供应商？（　　）
A．谷歌深度搜索　　　　　　　　　B．平台网站
C．社交网络和论坛　　　　　　　　D．贴小广告

三、判断题
1．如果卖家想追求较低风险，产品渠道可以选择"批发"。（　　）
2．卖家从有关电商和制造商平台网站的电子报刊上查找供应商资料，也是一种寻找供应商的好方法。（　　）

四、思考题
1．请简答选择产品的渠道有哪些，并对这些渠道做对比分析。
2．请在课后模拟供应商询价过程，并将询价过程记录下来以文档的方式提交。
3．请分别选择国内外受欢迎的1～2个供应商网站，对其优劣势进行比较和分析。

附录

线上教学资源说明

1. 线上教学资源获取方式

登录智慧职教官方网站或下载"云课堂智慧职教"App,用手机号码注册登录,扫描下面的二维码,即可获取本书的线上课程资源。

2. 线上教学资源示例图片

3. 线上教学资源建设情况

类　　别	资源名称	资源类型	资源数量
课程设计	课程介绍视频	MP4 视频	1
	课程标准	Word 文档	1
	学期授课计划	Word 文档	1
	电子教案	Word 文档	24
教学内容	电子教材	PDF 文档	1
	教学课件	PDF 文档	43
	拓展任务	HTML 网页	10
	实训案例	HTML 网页	10
	动画	SWF 文档	20
	教学视频	MP4 视频	20
课程评价	知识点题库	单选、多选、判断	500
	作业	Word 文档	10
	知识点测试	Word 文档	43
	思考题	Word 文档	45
	在线考试试卷	Word 文档	2
合计			721

参考文献

[1] 吴娉娉. 浅析跨境电商企业出口选品策略 [J]. 时代金融，2016，10：235-236.

[2] 胡治芳. 跨境电商卖家成功选品的几种策略技巧 [J]. 对外经贸实务，2018，8：67-70.

[3] 陈奥杰. 消费者跨境电商信息偏好程度测算及其影响因素——基于跨境物流产品选择视角 [D]. 杭州：浙江大学，2018.

[4] 胡星. 基于精益供应的 AF 跨境电商企业供应商选择研究 [D]. 成都：成都理工大学，2018.

[5] 邓志新. 跨境电商：理论、操作与实务 [M]. 北京：人民邮电出版社，2018.

[6] 于霏. 跨境电商：亚马逊运营实战宝典 [M]. 北京：电子工业出版社，2018.

[7] 史光贺. 跨境电商：亚马逊从零到年销千万实战手册 [M]. 北京：电子工业出版社，2023.

反侵权盗版声明

电子工业出版社依法对本作品享有专有出版权。任何未经权利人书面许可,复制、销售或通过信息网络传播本作品的行为,歪曲、篡改、剽窃本作品的行为,均违反《中华人民共和国著作权法》,其行为人应承担相应的民事责任和行政责任,构成犯罪的,将被依法追究刑事责任。

为了维护市场秩序,保护权利人的合法权益,我社将依法查处和打击侵权盗版的单位和个人。欢迎社会各界人士积极举报侵权盗版行为,本社将奖励举报有功人员,并保证举报人的信息不被泄露。

举报电话:(010)88254396;(010)88258888
传　　真:(010)88254397
E-mail:　dbqq@phei.com.cn
通信地址:北京市海淀区万寿路 173 信箱
　　　　　电子工业出版社总编办公室
邮　　编:100036